TU CAMINO PARA SANAR

12 PASOS PARA APRENDER A CUIDAR DE TI

TU CAMINO PARA SANAR

12 PASOS PARA APRENDER A CUIDAR DE TI

Gaby Pérez Islas

Renata Roa

Mercedes D'Acosta

Claudia Sánchez M.

DIANA

© 2020, Gaby Pérez Islas
© 2020, Claudia Sánchez
© 2020, María Mercedes D›Acosta
© 2020, Renata Roa

Prólogo: Martha Debayle

Diseño de portada: Planeta Arte & Diseño / Christophe Prehu
Formación: Mariana Alfaro

Derechos reservados

© 2020, Editorial Planeta Mexicana, S.A. de C.V.
Bajo el sello editorial DIANA M.R.
Avenida Presidente Masarik núm. 111,
Piso 2, Polanco V Sección, Miguel Hidalgo
C.P. 11560, Ciudad de México
www.planetadelibros.com.mx

Primera edición en formato epub: septiembre de 2020
ISBN: 978-607-07-7141-5

Primera edición impresa en México: septiembre de 2020
ISBN: 978-607-07-7135-4

Impreso en los talleres de Litográfica Ingramex, S.A. de C.V.
Centeno núm. 162-1, colonia Granjas Esmeralda, Ciudad de México
Impreso y hecho en México – *Printed and made in Mexico*

Dedico este libro a la amistad, una de las formas de amor más puras que existen. La amistad es una resistente red de apoyo tejida con confianza y detalles. ¡Qué hermoso que además de los muchos amigos que tengo, mis hijos y mi marido también lo sean!

Gaby

Quiero dedicar este trabajo, con toda mi gratitud, a Juan Carlos Guilarte Montiel (*in memoriam*), porque a él le debo haber incursionado en el maravilloso mundo de la numerología.

También a mi esposo Mario, por ser mi gran cómplice y haberme liberado de mi zona de confort.

Y a mi hijo Alonso, por ser el motor que me impulsa cada día y me ayuda a comprender mejor la vida.

Claudia

Dedico esta obra a mi familia, que es lo más lindo que tengo. A mi hijo Fernando, que escribió conmigo el libro; a Rafa, mi esposo y gran apoyo; a mi mamá, mi papá, Pame, Juan, Bernardo y mis preciosos sobrinos: Pato, Rodri y Montse. Sin ustedes no sería quien soy y mi felicidad no sería completa. Gracias vida por darme la oportunidad de ayudar a las personas ejerciendo mi amada profesión y de coincidir con estas increíbles mujeres que admiro tanto.

Mercedes

Desde lo más profundo de mi corazón, gracias, gracias: Adrián, mamá y papá, por ser mis compañeros incondicionales. Por demostrarme a cada momento que la confianza, la integridad y el amor son los motores para hacer todo.

Renata

ÍNDICE

PRÓLOGO

¡CON TODO!

Vivir es terapearse constantemente. Puede ser con un libro, una canción de cortarse las venas, un podcast, una serie con la que te carcajeas o un programa de radio. A veces agarras a un amigo y, sin decir agua va, te dejas ir contándole todos tus miedos, tus angustias y lo que no te deja dormir. Es algo que nunca para porque, ni modo, vivir es que nos pasen cosas y hay que contar esas cosas a otros para poder vivir. Una red de apoyo es indispensable, así como entender que lo que nos pasa nunca es en vano. Como siempre digo, no sirve vivir una experiencia si no aprendes nada. Ah, porque además, las cosas de las que no sacas aprendizaje regresan y regresan, eh. Complicado eso de la existencia, ¿o no?

Para mí, todo lo que hago —el programa de radio, los podcasts, los videos en YouTube, las revistas, las redes— es, en gran parte, para poder compartirnos, hablar de nuestras cosas y sentir que no estamos solos. Soy fiel creyente de que para tener un verdadero crecimiento necesitamos tener la informa- ción y las herramientas correctas, pero también tener cerca a la gente indicada.

El proceso de convertirte en la mejor versión de ti mismo es una conversación que nunca acaba, siempre hay algo que podemos reinventar, renovar o mejorar. Para eso me he rodea- do de grandes especialistas, como Gaby, Mercedes, Claudia y Renata, entre muchas otras, que son unas locas, apasionadas infernales de sus temas, y le dedican horas y horas de lecturas y trabajo a lo que hacen para después compartirlo.

En este libro se juntaron estas cuatro mujeres superpodero- sas para responder la pregunta del millón: ¿cómo aprovecho la vida al máximo? Las conozco muy bien y las interrogo todo el tiempo en el programa para que me cuenten las claves de la vida, y sé que han encontrado la respuesta, pues detrás tienen mucho, pero mucho trabajo personal.

Como todo lo bueno en la vida, las lecciones de este libro las vas a poder aplicar solo si le chambeas. Es más, la portada debería decir: «No apto para flojos». Aquí el trabajo no es solo de las autoras, sino también de quienes las lean, pues si no hay una verdadera intención podemos engañarnos con cualquier libro, haciendo como que lo leemos aunque a los tres días ya ni nos acordemos de cómo se llamaba. Este libro es para gente que tiene ganas de encontrar respuestas que mejoren su expe- riencia de vida, dispuesta a esforzarse por obtener la informa- ción que necesita para ello y de verdad usarla. Si esa persona no eres tú, no pierdas tiempo y retírate, porque aquí no vamos a fomentar el mentirse a sí mismo.

Aquí vas a aprender la importancia de agradecer, perdo- nar, escuchar (a los demás y a ti mismo), trascender, conectar, recapitular. Todo esto es muy difícil, pero también es lo más transformador.

Si bien no es un camino corto, tampoco es uno eterno, porque si nos la pasamos en la teoría, ¿a qué hora la aplicamos? Se parece más a un maratón. En este vas a ir bien acompañado, porque estas másters saben perfecto cómo llevarte, qué desayunar, cuánta agua necesitas, a qué hora estirar. Y, sobre todo, saben que cuando cruzas una meta —en dos meses, en otoño, el próximo año—, viene otra, y que para eso se prepara uno: para ir enfrentando cada vez mejores y más grandes. Un aplauso para ti, por haber emprendido esta búsqueda. ¡Que lo aprendido no se nos olvide y que los libros como este se nos queden bien grabados!

Martha Debayle

❀ ¡LAS COINCIDENCIAS ❀ NO EXISTEN!

Nos conocimos hace años en un evento de Martha Debayle. Ya teníamos referencias las unas de las otras, y el clic se dio de inmediato. Todo comenzó de una forma muy honesta y con un interés muy genuino por las diferentes especialidades de cada una. Al día de hoy todas hemos tomado los cursos o hemos sido pacientes unas de otras, lo que ha hecho crecer la admiración y cariño que nos tenemos. Esto dio paso a una relación de verdadera amistad y de convivencia entre nuestras familias, con lo cual pudimos comprobar la congruencia entre lo que se predica y lo que se vive.

La familia de las cuatro está constituida por maridos e hijos (hombres), y aunque vivimos momentos de vida muy diferentes, las partes del rompecabezas embonaron a la perfección. Nuestra voz femenina buscaba una complicidad y manera de expresarse, y este libro fue el camino para reforzar nuestra misión de vida, para descubrir nuevos caminos, crear nuestros propios pasos y hacer de este mundo un lugar mejor .

Una semilla es un fruto en potencia que necesita de las condiciones y el cuidado adecuados para llegar a serlo. Por eso buscamos contribuir con la nuestra para que cada quien en su momento, tiempo y forma, la cultive, la haga suya y disfrute de los resultados.

El decidir hacer un cambio te lleva a otro cambio y así sucesivamente, creando una escalera ascendente de elecciones para vivir mejor. Hasta en las condiciones más adversas, a través de la constancia y de la voluntad, puedes lograr una sana relación contigo mismo ¡y vivir mejor!

La riqueza de este texto radica en los 12 verbos poderosos que contiene, en las lecciones de vida que no son dictadas por un gurú diciéndote lo que tienes que hacer, sino por cuatro personas en momentos de vida muy particulares, que a través del conocimiento de nuestras diferentes profesiones, nuestra experiencia de muchos años y la empatía desarrollada, hemos generado un enfoque único e integral. Lo que aquí compartimos contigo, nosotras lo practicamos y nos ha funcionado; por eso nos atrevemos a ofrecértelo como una opción. Ese es nuestro regalo para ti: ¡hacerlo en conjunto!

La joya que hemos extraído de esto es solidificar una verdadera amistad, en la que se da la colaboración sincera, sin competencia, comparación ni egos protagónicos , y por lo tanto podemos dar testimonio de que las mujeres podemos alegrarnos genuinamente por los triunfos de otras, compartirlos y hasta impulsarnos para ser mejores.

❧ AGRADECE ❧

Porque así se abren las puertas de la abundancia

Gaby Pérez Islas

La gratitud es la memoria del corazón.
Jean Baptiste Massieu

La palabra *gracias* proviene del latín *gratia*, derivada a su vez de *gratus* (agradable, agradecido) ; en su origen, *gratia* significa la honra o alabanza que, sin más, se otorga a otro.

Cuando una persona agradece, el universo le regresa más cosas por las cuales sentirse agradecido. Cuando le das las gracias al universo por sus regalos, este te responde con generosidad. La gratitud es la llave que abre las puertas de la abundancia. Pero hay que dar gracias desde el corazón, no solo esperando recibir algo a cambio. De igual forma, cuando maldices y te quejas, la vida te pone muchos más motivos para seguirte lamentando. Así funciona, te guste o no, y sea cual sea tu elección habrá consecuencias.

Dar gracias por todo lo tangible e intangible que tienes se vuelve la práctica más sana que puedas desarrollar. Queja y lamentación son sinónimos de baja autoestima. En cambio, agradecer y hacerte responsable de tu vida te ponen en un autoconcepto muy sano.

Durante tu pérdida no puedes ver más allá de tu dolor, y eso te ciega a la riqueza de lo vivido y compartido. **Es precisamente en el duelo cuando más tienes que agradecer... y cuando más olvidas hacerlo**. Y es que tras una pérdida te das cuenta de con quién realmente cuentas, quiénes son tus amigos y quiénes no pueden con tu tristeza. Es terrible pensar que algunas personas solo están contigo mientras eres chispa y energía, pero en los bajones de la vida no pueden ni quieren alumbrarte un poco el camino. Por eso es que ninguna pérdida viene sola, con ella se desatan pérdidas en cascada que van asociadas a ella, y que son pequeños duelos en sí mismos. Los amigos que no llaman, la familia que no apoya, la pareja que no comprende, por mencionar algunos.

En el duelo también agradeces tu fortaleza, tus dones a los que no renuncias a pesar del dolor. Agradeces a tu cuerpo que hace equipo contigo para salir de una enfermedad o te permite aguantar las noches en vela cuidando de un familiar enfermo.

Siempre está en nosotros la última de las elecciones: maldecir lo perdido o bendecir el haberlo tenido. El más duro y mejor ejemplo de ello es el tener un cuerpo que enterrar. Claro que no hubieras querido que falleciera esa persona, pero si así iba a ser, qué mejor que haya sido estando cerca de ti, que puedas darle sepultura según tus tradiciones o tu religión. Eso es lo que tanto piden las familias de los «desaparecidos»: saber dónde está su ser querido y que ya nadie puede hacerle daño; tristemente, eso no es así en todos los casos.

Cuando volteo atrás a contemplar el sufrimiento que he tenido en mi vida, lo veo como un regalo. Nunca lo hubiera pedido, lo odié mientras estaba pasando y protesté tan fuerte como pude hacerlo. Pero el sufrimiento pasó de todas maneras. Ahora, en retrospectiva, veo la manera inmensurable en que volvió más profunda mi vida.

RAM DASS

Considero muy positivo incentivar a las personas a dar gracias. Expresar gratitud no puede reservarse para una o dos ocasiones al año, como Navidad o Día de Acción de Gracias.

Cultivar un contacto consciente con los beneficios de ser agradecido es una habilidad que debemos desarrollar. Nos podemos beneficiar muchísimo de implementar esta práctica de agradecimiento en las áreas de la biología (nuestro cuerpo), la psicología (nuestra mente) y el mundo social (nuestras relaciones).

En el ámbito de la biología. Agradecer mejora la salud física. Eleva las defensas del sistema inmunológico del cuerpo.

En el ámbito de la psicología. Agradecer nos conecta con la vida, contribuye a la felicidad y al optimismo. Reduce la insatisfacción, nos ayuda a adaptarnos a las circunstancias. Mejora la salud mental. Eleva la autoestima, confianza y seguridad.

En el ámbito social. Agradecer nos hace más conscientes y nos permite vivir en el presente. Mejora nuestras relaciones haciéndolas más sanas. Nos enfoca en lo positivo y sus valores.

Más razones para practicar la gratitud:

Promueve la salud física. Sin duda una persona agradecida está más pendiente de las partes del cuerpo que sí le funcionan, que de las que no lo hacen tan bien. Agradece que su vista sea excelente, aunque su oído no sea tan bueno. Da gracias por las fuerzas de sus piernas, aunque tenga que trabajar más los brazos. La actitud de agradecimiento sube las defensas del cuerpo y nos hace menos vulnerables a enfermedades oportunistas. Baja la presión arterial, reduce los síntomas de las enfermedades y hace que nos sintamos menos apesadumbrados por dolores y molestias. La gratitud es sin duda la mejor medicina preventiva.

Hace que duermas mejor. De acuerdo con la revista *Psychology Today*, uno debería contar sus bendiciones en vez de ovejas para poder dormir. Se ha visto que las personas agradecidas tardan menos en conciliar el sueño, descansan mejor y amanecen repuestos. Probablemente se sienten en paz con la vida y por eso no se quedan dando vueltas y vueltas sobre los mismos pensamientos antes de dormir. Es muy probable que agradecer sea una melatonina mental que funciona a la perfección.

Fortalece las relaciones. A todos nos gusta sentirnos valorados. Tanto hombres como mujeres necesitamos reconocimiento y admiración, y cuando agradecen algo que hacemos, damos o decimos, nos sentimos vistos y tomados en cuenta. Claro que hablar sobre cómo generamos valor en la vida de otro fortalece nuestros vínculos, cómo le hacemos o nos hace la vida más fácil, y lo bonito que es ir por esta experiencia terrenal tomado de la mano o el brazo de alguien.

Es como pagar por adelantado. La famosa ley de la atracción, tan platicada por muchos y comprendida por pocos, aclara que, si sintiéramos el agradecimiento y la felicidad de poseer lo que anhelamos, lo atraeríamos hacia nuestra vida. No basta con desear tener una pareja: hay que sentirse tan feliz como nos sentiríamos si ya la tuviéramos a nuestro lado, y créeme, la felicidad es la cualidad más atrayente en una persona. Creo que si vieras el tamaño de la bendición que viene, entenderías la batalla que ahora peleas.

Facilita la satisfacción por la vida. Agradecer, simple y sencillamente, te hace estar contento. Ayuda a mantener un estado de ánimo más uniforme, optimista y alegre, y favorece sentir placer y entusiasmo. La gratitud también reduce la ansiedad y la depresión.

La gratitud se trata de sentir y expresar apreciación por todo lo que recibimos, por lo que tenemos —sea mucho o poco— y también por todo lo que no nos ha ocurrido. Esta última parte se nos olvida con frecuencia. Por ejemplo, cuando alguien muere, siempre pensamos en lo que le faltó por vivir y olvidamos que incluso podían haberle pasado cosas "malas", de eso también está hecha la vida. Y pongo malas entre comillas porque todo lo que nos sucede son experiencias por vivir, aprendemos de ellas y no se pueden catalogar simplemente con una etiqueta de buenas o malas. Lo que hagamos con ellas a la larga, en lo que nos conviertan, es lo que definirá qué tan favorables fueron para nuestro desarrollo. Si vivimos más años estamos más expuestos a que nos pasen más cosas. Morir es tener una graduación de vida, llegar a la meta. Ahí ya nada puede ocurrirte.

La gratitud funciona como un antídoto para el apego hacia lo que queremos y no tenemos. Es lo opuesto a estar inconforme.

La mayoría de las experiencias, si no es que todas, tienen al mismo tiempo un lado «positivo» y uno «negativo». Hasta las circunstancias más dolorosas, física o emocionalmente, contienen muchos regalos en forma de aprendizaje, crecimiento y sanación. Tenemos que trabajar muy duro para encontrar esos regalos y desenterrarlos entre un montón de sentimientos y emociones contradictorias. Es como cuando te comes un fruto jugoso al que tuviste que llegar después de haberle quitado una cáscara muy dura o llena de espinas.

Muchas de las cosas que uno agradece después de una dura experiencia se manifiestan con el tiempo, en retrospectiva. Si nos damos cuenta y le dedicamos la suficiente energía, siempre encontraremos algo de qué estar agradecidos, por más irremediables que se vean las cosas.

> *Tal vez la gratitud no sea la virtud más importante,*
> *pero sí es la madre de todas las demás.*
>
> Marco Tulio Cicerón

La gratitud cambia tu perspectiva. Puede arrasar con la autoconmiseración y las pequeñas cosas de las que nos quejamos todos los días y que nos restan tanta energía. En un duelo, la energía es tu recurso más escaso: no lo inviertas en pequeñeces que te traen impaciencia, intolerancia, juicios negativos, indignación, rabia o resentimiento. Algunas de estas «garrapatas energéticas», como yo les llamo, proceden de los comentarios tontos o malintencionados de algunas personas, la falta de sensibilidad de otras, o de algunas que quizá ya olvidaron lo que sufrieron o que no sienten como tú. Recuerda que el duelo es un traje hecho a la medida de cada uno.

Ser agradecido es el vehículo para incrementar la sensación de estar bien y salir de ti e ir al encuentro del otro, para darte cuenta de que es probable que el otro u otra también está sufriendo y de que no eres el único protagonista de esta historia. Agradecer te ayuda a conectarte con otros y con el mundo.

En los últimos años, muchos estudios científicos se han concentrado en la amplia gama de beneficios que conlleva ser agradecido. Especialmente para las personas que confrontan la adversidad, están enfermas o se encuentran al borde de la muerte, así como también para quien se está recuperando de una adicción.

La raíz de todo bien reposa en la tierra de la gratitud.

DALÁI LAMA

Las personas agradecidas tienden a ayudar más, son generosas de espíritu y compasivas. Estas cualidades se derraman sobre todos aquellos que tienen cerca.

La gratitud convierte lo que tenemos en suficiente.

ESOPO

Ejercicios de agradecimiento

Listas. Estamos acostumbrados a hacer listas del súper, listas de compras, de regalos, de deseos y de propósitos. Todas ellas son cosas que queremos alcanzar, poseer o lograr. Qué tal que, en lugar de hacer listas de lo que aún no tienes, las hagas de lo que sí posees. Tus amigos, tu salud, tu familia, tus conocimientos, tus experiencias, tus capacidades… En fin, solo enumerarlas ya te hace ver lo afortunado que eres.

Cartas. Siempre hay que encontrar el tiempo para agradecer a las personas que hacen una diferencia en nuestras vidas. Decirle a alguien que su vida cuenta, y que cuenta mucho en relación con la tuya, siempre es importante. Es imposible ser negativo mientras damos las gracias. Puedes probar la efectividad de este ejercicio dándote cuenta de en qué estado de ánimo estabas antes de escribir la carta y después de ello. Te aseguro que cambiará para bien, la entregues o no.

No hay nada más honorable que un corazón agradecido.

SÉNECA

Agradecimiento y abundancia

Para que el agradecimiento sea genuino no se agradece *para*, se agradece *por*. Si haces las cosas para que se te regresen, para que te generen abundancia o se vean reflejadas en algún beneficio propio, eso no cuenta, porque el acto más noble se vuelve el más egoísta. Es como cuando donas algo a quien lo necesita pensando solo en que tendrá un beneficio posterior para ti; en ese caso no quieres *para los demás*: sigues queriendo *para ti*, que tanto tienes, y lo disfrazas de generosidad.

Se agradece cuando se reconoce que alguien te ha dedicado su tiempo, su escucha, su cariño, sus regalos. Lo valoras y lo manifiestas porque así debe ser, y estoy segura de que eso traerá abundancia a tu vida en consecuencia, porque quien da las gracias abre el canal de recepción del universo. La gratitud genuina atrae grandes cosas.

> *Cuando estás agradecido, el miedo desaparece*
> *y aparece la abundancia.*
>
> Tony Robbins

Hay muchas personas que viven en piloto automático, dándose cuenta de muy pocas cosas. Las pérdidas y procesos dolorosos de la vida son como una alarma de despertador para que empecemos a vivir una vida en plena conciencia. Se debe vivir de una manera más intencional, con propósito y reconocimiento, tomar poco por sentado y agradecer mucho.

Requiere tiempo entender que una experiencia tan dolorosa como la adicción o la muerte de un ser querido puede generar agradecimiento en nosotros, no porque la persona haya enfermado o muerto, sino por todo lo que descubrimos en el proceso, las personas que nos apoyaron y nuestra fuerza interior que salió a relucir en esos momentos.

Agradecimiento y tanatología

Pareciera que *pérdida* y *agradecimiento* son dos palabras que no deberían escribirse en la misma oración. Sin embargo, creo que no hay elaboración de duelo, o crecimiento a partir de él, mientras no se haya agradecido lo que esa dura experiencia trajo a nuestras vidas.

Pienso rápidamente en dos ejemplos de ello: uno propio y otro de una paciente que ha resultado, como la mayoría, gran maestra de vida para mí.

Ella es una mujer joven, muy inteligente, creativa y bonita. Diseñadora gráfica, amante del color, la estética y la armonía. Un día, por un asunto grave de salud, se le infartaron los nervios oculares de ambos ojos y perdió la vista. Su vida cambió por completo y, si bien estuvo a punto de morir, logró recuperar su salud, su movilidad, su fuerza y energía. Todo, menos la visión. Imagina cómo te sentirías si eso te pasara a ti. Estas líneas, por ejemplo, se podrían convertir en lo último que vean tus ojos, porque así nos cambia la vida, de un segundo a otro, muchas veces de manera definitiva.

Cuando eso le sucedió, lo primero que hizo fue agradecer estar viva. A partir de entonces decidió hacerlo todos los días. Ya no podía olvidar que estuvo a punto de morir y que cada día, cada encuentro con alguien, cada conversación, era un *bonus* que la vida le daba. Desde entonces todo, absolutamente todo, lo vive como una ganancia y no como una pérdida. Eso ha hecho una gran diferencia en su vida. En ella yo no encuentro lástima por sí misma, resentimiento, envidia ni desgano. Da gracias a diario por el olor a pan tostado, el sonido de las gotas golpeando su ventana o el hecho de que su marido le deje las chanclas acomodadas junto a su cama para que las encuentre con facilidad. ¿Tú agradeces esas cosas? ¿O eres de los que se pasan la vida dando por hecho los pequeños grandes detalles de la vida? *Presente* en inglés se dice *present*, y en una traducción literal esa palabra también significa regalo. Eso es lo que es la vida: un regalo diario que apreciaremos o despreciaremos según el grado de conciencia y gratitud que lleguemos a tener.

La gratitud es la menor de las virtudes,
pero la ingratitud es el peor de los vicios.

Tony Robbins

Ahora toca contar algo personal que probablemente no he platicado nunca y que, en su momento, fue un golpe fuerte a mi ego. Hace muchos años trabajaba en un centro de estimulación temprana. Me había especializado en el fomento a la lectura y el trabajo con bebés y niños para ayudarlos a alcanzar el máximo de sus capacidades en todas las áreas de desarrollo. Elaboré un programa de trabajo muy completo que estaba implementando en esa escuela de reciente apertura. Me pidieron un tiempo en lo que la escuela generaba ingresos suficientes para comprarme ese programa de estimulación temprana. Las dueñas eran un par de señoras que habían sido despedidas de un banco y con su liquidación pusieron esa pequeña escuela, ya que estaban seguras de que un colegio era siempre un buen negocio. Esto lo supe después, claro está, porque para mí trabajar con niños requiere mucha vocación de servicio hacia las personas, no hacia el bolsillo. El caso es que a escondidas grababan mis clases y querían robarse mi programa, pues en verdad nunca pensaron en comprármelo.

Un día hubo un problema con dos niños, se pelearon y uno mordió al otro. Esto sucedió en otro grupo, no en el mío, pero un trabajador de limpieza del colegio vino a buscarme muy preocupado para decirme que la directora había encerrado a uno de los niños en su oficina, que lo escuchó llorar mucho pero luego dejó de escucharlo, y que le preocupaba que le hubiera pasado algo. Por supuesto que corrí a abrir la oficina y me encontré al chiquito de tres años dormido en el suelo, exhausto de haber llorado tanto. Sabía que me costaría el empleo, pero llamé a sus padres y les conté lo ocurrido. En efecto, me despidieron, me acompañaron a la puerta como si fuera un criminal y me prohibieron la entrada a las instalaciones como si fuera a robarme los secretos de la nación. Fue muy triste no poder despedirme de los niños ni de sus papás. Además, yo tenía compromisos adquiridos y, por supuesto, no hubo liquidación alguna, así que este suceso trastocó mucho mis presupuestos y planes. Aun así, no me arrepentí de hacer lo que hice y agradecí lo siguiente:

1. Haber sido decente y sincera. Los padres merecían saber y ningún niño merece ser castigado encerrándolo o dejándolo llorar sin atención. Los padres confían en los lugares donde dejan a sus hijos, les conceden custodia de lo más preciado de sus vidas y eso es una enorme responsabilidad.
2. Haber tenido el valor para hacer lo que hice, para hacer lo que se sentía correcto, y me sigue pareciendo así muchos años después.
3. Por ese hecho conocí realmente quiénes eran las personas con las que trabajaba y comprobé que la vida muchas veces no te quita cosas: te libera de ellas.

> *Al expresar nuestra gratitud nunca debemos olvidar*
> *que la mayor apreciación no es pronunciar palabras,*
> *sino vivir de acuerdo con ellas.*
>
> JOHN F. KENNEDY

Agradecimiento al final de la vida

Es una pena que algunos se hayan perdido de las bondades de vivir el sentimiento de gratitud durante casi toda su vida, pero si así fue, el final de la misma es una excelente oportunidad para hacerlo. Se puede llegar a viejo enfermo y gruñendo, o sano y sonriendo. Depende de muchos factores: la genética, el estilo de vida, la suerte, las oportunidades… el caso es que, sea cual sea nuestro camino, habremos de llegar puntuales a la cita que la muerte ha agendado con nosotros. Si estamos conscientes de ello, o bien, si tenemos una edad avanzada, cada vez se piensa más en la muerte como el final de la vida como la conocemos. Es ineludible un balance final para saber si lo hemos hecho bien, si tenemos saldo a favor o en contra.

En 20 años de ejercicio profesional me he encontrado con muchos casos. Algunos viven la cercanía de la muerte con mucha angustia, mientras que otros hacen sus maletas con calma, y cuando el momento llega están listos para partir. ¿Qué significa eso? Agradecer, perdonar y pedir perdón. Sin guardarnos lo que sentimos, diciendo todos los adioses necesarios.

No esperen al cuarto de hora para hacerlo: ¿qué tal si, para que vean que no pasa nada, que hacer estas cosas no atrae a la muerte ni llama zopilotes a rondarnos, ejemplifico lo que estoy diciendo con mi propia experiencia?

Te invito a que lo hagas, este ejercicio genera una gran paz.

Querida vida:

No sé cuándo habré de dejarte. Estoy consciente de que puede ser en cualquier momento, y de que no estoy exenta de que esto ocurra en el tiempo y forma menos pensado.

No postergo lo que quiero decirte. Tengo claro que manifestarlo lo hace real y lo convierte en un regalo entregado, no uno que se queda envuelto en el armario y nunca llega a manos de quien debía recibirlo.

Estas gracias son para ti, vida, por haberme dejado contemplar tantas cosas hermosas. Mis hijos, la más bella de todas; su perfección, su carácter, sus triunfos, las veces que se les ha roto el corazón. La naturaleza y su majestuosidad, las cascadas, los árboles, las barrancas, los ríos, el mar y el cielo.

Gracias porque pude ver una noche estrellada, algunos arcoíris y conocí la nieve. Vi llover, escuché truenos y pude acariciar a los perros que incondicionalmente me brindaron su amor y compañía en esta vida.

Gracias por mis sentidos, por las flores que olí, especialmente la lavanda. Por los sonidos que escuché, la música. ¡Cómo puedo agradecer la majestuosidad de la música! El *soundtrack* que acompañó cada capítulo de mi vida. Agradezco los sabores, la comida, el té, los postres y las papas fritas.

Agradezco el tacto, la sensualidad, el amor y el vivir la vida sin guantes de cirujano. Gracias por el amor: el de mis padres, incondicional; el de mi esposo, cómplice; el de mis hijos, solidario.

Agradezco la risa y los amigos maravillosos que me hicieron reír a carcajadas. Doy gracias por el baile y el ritmo. Por los viajes y mi maleta pequeña. Gracias por tanto y por todo; lo supe aprovechar y he sido muy feliz.

Cuando el reloj se detenga seguro que sentiré nostalgia y ganas de continuar, pero aceptaré tranquila que ha llegado el momento de partir y agradeceré también lo que habrá de venir.

Gaby Pérez Islas

Si la única oración que dijiste en toda tu vida
fue gracias, eso sería suficiente.

MEISTER ECKHART

¿Has sentido alguna vez el corazón hinchado de gratitud? ¿Has tenido ganas de abrir tus brazos y gritar: «¡Gracias, gracias, gracias!»? La gratitud expande el corazón naturalmente. Es muy fácil dar las cosas por sentado; muy pocas veces en un día te enfocas en la gratitud, en comparación con el tiempo que pasas quejándote de las cosas que no salen como tú quieres.

Actuamos como si la gratitud y la apreciación fueran nuestra vajilla buena, los manteles de lujo que solo sacamos en ocasiones muy especiales y, generalmente, cuando hay visitas, no con los de casa.

Las personas que son felices sin alguna razón evidente lo son porque no necesitan tener más en su vida. Se enfocan en su gratitud. La diferencia con los otros radica en dónde deciden poner su atención: en lo que tienen, no en lo que les falta.

Ganar mucho dinero o tener cosas caras no contribuye directamente a tu felicidad. De hecho, quien las tiene cae más rápido en un vacío que lo vuelve un coleccionista insaciable de las cosas que finalmente no lo llenan, o solo lo alegran por unos minutos. La felicidad tampoco está necesariamente en el éxito profesional o en tener muchas parejas. Marilyn Monroe decía que era hermoso tener una profesión y ser exitosa en ella, lo único malo es que no podía acurrucarse con ella en una noche de invierno.

Vale la pena detenernos a evaluar nuestro nivel de felicidad actual.

¿Hay en tu vida una persona especial o importante para ti? ¿Qué hace que lo sea? Quizá te inspira o te hace mucho bien. Si en este momento tuvieras la oportunidad de llamarlo y decírselo, ¿cómo te sentirías? ¿Cómo te sientes ahora con solo pensarlo? Expresar tu gratitud elevará tu nivel de felicidad, especialmente si tu ánimo anda por los suelos. La gratitud tiene una vibración tan elevada que reconforta tu interior y te abraza con un sentir muy especial. No solo se trata de decir «gracias», se trata de vivirlas.

El agradecimiento y la profesión

Estoy segura de que cada carrera y profesión trae consigo muchos regalos, experiencias por vivir y cosas por agradecer. Para mí, ser tanatóloga no es solo un trabajo, sino una misión de vida, y quiero aprovechar para responder a algo que me preguntan muchas veces: «¿No es durísimo ser tanatóloga? Debe ser muy fuerte y terrible».

En realidad, es maravilloso.

Es una profesión que te permite estar permanentemente conectada con la vida y su final, y por eso te compromete a ser feliz en el aquí y el ahora. Conoces personas y familias extraordinarias, resilientes e inspiradoras que te recuerdan que la felicidad es posible a pesar de lo que haya ocurrido.

El ejercicio diario de tu profesión te ayuda a saber y explicarle a tu familia lo que es verdaderamente importante y lo que no. Un tanatólogo debe saber ser profundo en lo profundo y superficial en lo superficial, y no al revés, como suele pasarles a muchos.

Ya que el momento del «hola» puede ser también el momento del «adiós», un tanatólogo debe saber hacer la diferencia en la vida de alguien y aprovechar cada instante como el segundo que no habrá de volver. No dar nada por sentado, por el contrario, validar y reconocer cada pequeña mejoría, cada cambio y el esfuerzo que hay detrás. Encontrar sentido y misión en lo que se hace y no quedarse contemplando el dolor de las personas, sino hacer algo para mitigarlo y acompañarlas en él.

El lema del tanatólogo es: consolar siempre, aliviar a veces y dañar nunca.

Como tanatólogo llegas a casa y agradeces la salud de los tuyos, oras por quienes no la tienen y te alegras enormemente cuando alguien la recupera.

Agradezco de mi profesión el que me haga vivir en el azul profundo de la vida, nunca en la superficie.

Y tú, ¿qué agradeces de tu trabajo y rutina diaria? Hasta que no te hagas consciente de ello no podrás decir que lo ejerces con dirección y voluntad de servicio.

Diferencia entre dar las gracias y mostrar agradecimiento

Damos las gracias más de veinte veces al día. Ya sea personal o virtualmente, hacerlo es parte de muchas de nuestras conversaciones cotidianas. Lo hacemos tan a menudo y de manera tan natural que a veces ni lo notamos, así que vale la pena preguntarse: ¿Realmente mostramos nuestra gratitud o dar las gracias se ha convertido en un acto automático, mecánico?

Agradecemos por educación, porque nos enseñaron que hacerlo es lo correcto, pero no debemos confundir un simple «gracias» con un auténtico acto de gratitud. Es esencial que los demás sientan que estamos agradecidos; en ocasiones, nuestras palabras pueden ser insuficientes, así que debemos dejarlo claro.

¿Cómo podemos manifestar que estamos realmente agradecidos?

Si realmente queremos mostrar nuestra gratitud, necesitamos hechos, no solo palabras. Debemos mostrar acciones intencionadas para hacer sentir al otro que recibimos y valoramos lo que ha querido darnos. Demostrar que no se perdió en el camino parte de su obsequio, que lo hemos recibido completo y valorado en su totalidad.

Saber recibir es tan importante como dar. De hecho, acoger con gratitud algo que nos han regalado es un acto de humildad; sean palabras, hechos o algo material. Dar y recibir son complementarios.

¡Qué gran lección es apreciar y disfrutar el agradecimiento que nos brindan los demás sin tener que pedirlo ni sentirnos decepcionados si no llega!

Lo último es fundamental, ya que esperar agradecimiento y no recibirlo puede provocarnos frustraciones.

La práctica diaria de agradecimiento fortalece tu vida como lo harían unos buenos cimientos de construcción. Si no encuentras qué agradecer, agradece lo que tienes; ese es un buen comienzo. Una vez enfocada la mira, muchas más cosas que son motivo de agradecimiento llegarán para ti. Me atrevo a decir que ya están ahí, esperando a que las descubras.

Esperar gratitud de la gente es desconocer
la naturaleza humana.

DALE CARNEGIE

✿ ESCUCHA ✿

Hasta lo que no habla, grita

Renata Roa

¡Escuchar! Un verbo que suena estático, pero es todo lo contrario: implica estar muy activos y presentes en la vida. Escuchar está lleno de intención, de presencias, de introspección; es un viaje inmensamente revelador hacia nuestras memorias más profundas. Un recorrido que hacemos constantemente entre la percepción y la opinión. Estoy segura de que en muchas ocasiones has leído sobre la importancia de hacerlo. De estar atento a lo que los otros dicen o te quieren comunicar, porque en eso está la clave para todo tipo de relación. Pero la verdad es que, por más veces que lo hayamos oído, no es lo mismo saberlo que hacerlo y vivirlo en el día a día.

La labor de la escucha es algo desafiante. No solo por todos los distractores que tenemos en nuestra vida —incluido el grillete tecnológico que, irónicamente, tiene más conexión que tú o que yo—, sino también por las conversaciones personales que no terminan ni concluyen algo. Solo dan vueltas al grado de marearnos y hasta provocarnos ansiedad.

Pero vayamos paso a paso. La escucha social es hermosa. Es un proceso muy revelador que enmarca una relación de interés real cuando se vive. No hay cosa más reconfortante que sentirse escuchado y escuchar activamente. Con todos los sentidos, a conciencia y hasta con la posibilidad de hacer acuerdos, grandes o pequeños. Interesarte genuinamente por la persona y demostrarlo a través de tu lenguaje corporal y expresión facial. Escuchar bien te vuelve un mejor amigo, un mejor prestador de servicios de cualquier índole, un mejor cliente, y así en todos los papeles que puedas desempeñar. Pero no me creas: sal y comprueba los regalos que trae el escuchar activamente a toda persona que se te pone enfrente.

Es común que las recomendaciones en este sentido sean siempre hacia fuera: sonríe para que la gente te perciba más empática y amable, vístete con alto contraste para que comuniques autoridad… La lista es infinita, súper efectiva, estratégica y hasta divertida. Los tips para comunicar lo que deseamos son interminables. Pero lo que he descubierto con la práctica es que no se trata de disfrazar a nadie, al contrario, no sé si sea la edad, pero cada día honro mucho más a esas personalidades naturales, auténticas y tan libres de habitar su propia piel que verdaderamente generan una conexión real con los otros. Por eso, hoy quiero invitarte a que las recomendaciones vayan hacia adentro y que, desde ahí, la escucha se vuelva un proceso orgánico y real.

Hay muchos tips para lograrlo, pero no existen las fórmulas mágicas, ni los remedios exprés o de microondas, como les dice Gaby Pérez Islas. Todos los consejos están muy enfocados a callar el ruido, escucharte y después tomar acción. Porque cuando hay conciencia sin acción, se convierte en negligencia.

Pero vamos paso a paso. No podemos ir a ningún lugar si no sabemos de dónde partimos. Iniciemos entonces haciendo un pequeño escaneo consciente para detectar cómo estás el día de hoy.

Responde a las siguientes situaciones utilizando una escala del 1 al 5 de la siguiente forma: 1 = Raramente, 2 = A veces, 3 = A menudo, 4 = Muy a menudo, 5 = Casi siempre. Y cuando termines, suma todas las respuestas.

1. Rompo o tiro cosas._____
2. No sé muy bien cómo he llegado hasta un lugar determinado._____
3. Siempre voy con prisas, precipitadamente._____
4. Hago varias cosas a la vez._____
5. Como y ni siquiera me doy cuenta de lo que estoy comiendo, no lo disfruto._____
6. Me enfrasco en mis pensamientos y sentimientos._____
7. Sueño despierto._____
8. Se me va la mente y me distraigo fácilmente._____
9. Pienso en otras cosas mientras hago tareas comunes, como conducir, cocinar o caminar._____
10. Me preocupa el futuro o el pasado._____

Teniendo en cuenta que la puntuación máxima es 50, saca tus propias conclusiones. ¿Qué tan presente estás en la vida? ¿Cuántas veces realmente te escuchas y no solo vives repasando listas del súper, pendientes por sacar o de plano reproduciendo la pelea con tu hermana que ocurrió hace 15 años?

Es más común de lo que crees que la gente saque más de 40 puntos en este test. Aquí me gusta siempre enfatizar que ninguna puntuación es mejor que otra. Simplemente nos invita a que tomemos acciones más enfáticas y drásticas para hacer algo. Entendamos que nuestra mente está hecha para pensar. Querer decirle «Oye, quédate en blanco para no tener estrés» resulta algo muy desafiante, porque estamos yendo en contra de su naturaleza. Pero hay que diferenciar algo: no es lo mismo callar la mente y dejarla como la vieja señal de televisión (con esas cortinillas de colores y el interminable «beeeeeeeeeeeeeep»), que ordenar los pensamientos, atenderlos e ir sacando pendientes.

Nuestra mente tiende a rumiar; es decir, a darle vueltas al mismo pensamiento al grado de caer en algo obsesivo. Se dice que 80% de nuestros pensamientos son siempre los mismos. Es como cuando le ponemos «repetir» a una lista de canciones que solo tiene cinco (el famoso *loop*). Las primeras dos rondas las cantas todas con alegría. Probablemente para la cuarta siga dándote placer. Pero ya para la décima es muy posible que digas: «¡Yaaa!». Porque, por mucho que te guste, tanta repetición de lo mismo harta.

En una lista de música es muy sencillo darse cuenta de la repetición y hacer algo para que deje de sonar. En nuestra mente no es tan fácil, porque muchos de esos pensamientos ni siquiera son conscientes, se vuelven esa música de fondo que suena todo el tiempo. Pero en la medida en que se repite una y otra vez, se va grabando cada vez con más fuerza y en el momento menos esperado, de la nada, cantas esas canciones en automático.

Así funciona tu mente. Toda experiencia, aunque esté de música de fondo, trae consigo una carga emocional, se puede activar en cualquier momento. ¡Tu cerebro conoce la melodía y de pronto se pone a cantar! Ahora, imagina lo que ocurre cuando le has puesto toda la atención y además incluye una emoción que le ha subido el volumen a la rola para que realmente la escuches. ¡Claro que magnificará la experiencia!

Aquello a lo que le pones atención, crece. ¡Es una de las máximas! Por decir algo: tu jefe te pide ir a su oficina en media hora. Y entonces pasas de imaginar una conversación casual a escuchar la música de fondo de tus preocupaciones y te ves con una caja llena de tus cosas, una plantita muerta y un dramón de telenovela: ¡Despedido!

Eso no es todo. Nuestra «mente de mono», como se le llama en el mundo occidental, tiende a saltar de un pensamiento al otro sin ponerle orden o sin atender el que está llegando en ese instante. De ahí el nombre. Va de liana en liana sin atar ni desatar. Eso le genera un estrés increíble a nuestro cerebro.

Lo interesante es que el alma tiene un lenguaje súper sofisticado, sabio, con una riqueza y una gramática exquisita, pero de la que nadie nos cuenta. Yo siempre lo he dicho: lo que no habla en realidad está gritando. A veces es hasta desgarrador y ni así lo escuchamos. El alma habla a través de nuestro cuerpo y de nuestro rostro, ambos tienen una conexión profunda con nuestro mundo interior. ¡Somos tan perfectos! Nos dieron todo para desarrollarnos y comunicarnos de la mejor manera.

¿Por qué todo se plasma en cuerpo físico? Porque en realidad todo habita en él. Una tristeza se nota en el pecho, el enojo en la tensión del rostro, el estrés en los hombros y cuello. Eso sin mencionar las células, que albergan una cantidad infinita de información.

Lo malo es que estamos tan distraídos con la mente que dejamos de escuchar al resto de nuestro cuerpo, que también tiene voz y voto. Considero que cada decisión personal importante debería ponerse sobre una mesa redonda en nuestro interior, someterse a votación y, en caso de empate, dejar que sea la intuición quien dé el voto final. Aunque en muchos casos creo que ni se necesita. En eso radica la importancia de no solo pensar con la cabeza, sino con todo el cuerpo.

En la vida diaria hay mucho ruido, interno y externo, que hay que aprender a silenciar. Tanta prisa, tantos pendientes, compromisos, el *deber ser*, las falsas metas que estamos persiguiendo. Son tantos estímulos que no abrazamos los silencios, el orden, las pausas, la tranquilidad. No sabemos que nuestro reto está en integrar la mente, el corazón, el cuerpo y el alma, y en tomar acción para tener una vida de mucha abundancia (en relaciones personales, en el amor, con los demás; todo eso lindo y que realmente nutre).

Lo primero que hay que entender acerca del cuerpo es que reacciona por la información que recibe de los cinco sentidos: vista, oído, olfato, tacto y gusto. Los sentidos son nuestros intermediarios con el mundo exterior y tienen una función súper importante. Cada uno almacena en una parte del cerebro la información que va recogiendo con la experiencia, que a su vez sirve para sobrevivir y sacar conclusiones rápidamente. No es solo que los sentidos tengan por sí mismos memoria: es que, de hecho, sin ellos no existiría la memoria.

La memoria de los sentidos alberga nuestras necesidades, deseos, pensamientos, placeres, aversiones. Conoce toda nuestra historia. Por ejemplo, si tienes una manía por las alturas, quizás nació de un momento de tu infancia en el que experimentaste ansiedad porque te subieron a una mesa y no sentiste seguridad. Algo tan pequeño o tan grande se queda almacenado y se materializa a la edad adulta de muchas maneras.

Por ello, hacer conciencia de las reacciones de nuestro cuerpo nos permite abrirnos para recuperar vínculos importantes, trascender miedos o hasta entender respuestas inconscientes que de entrada nos parecerían inexplicables. Es un viaje súper sanador y revelador de nuestra historia y nuestro ser.

Eckhart Tolle, un maestro espiritual y escritor alemán, tiene una frase que lo explica de una manera muy linda: «Habitar el cuerpo es sentirlo desde adentro, sentir la vida dentro de él y, por lo tanto, llegar a saber que usted existe más allá de la forma». Ese es el gran reto que tenemos. Somos más que el cuerpo, pero, a la vez, vivimos en él.

Por eso lo primero es entender que existen cuatro sensaciones básicas en nuestro cuerpo:

Temperatura. De lo frío a lo caliente, es increíble cómo las diferentes partes de nuestro cuerpo tienen una temperatura particular. Lo interesante es entender que el cambio de temperatura en cada parte, al atravesar por alguna emoción, informa claramente lo que está pasando. A mí, por ejemplo, las orejas se me ponen muy calientes cuando me enojo, incluso antes de darme cuenta que algo me molestó. A veces mi cuerpo reacciona mucho más rápido que mi mente, que mi capacidad de entender qué pasó. Por eso es que una manera de empezar a escuchar a tu cuerpo es identificar sus temperaturas. A lo mejor siempre tienes los pies fríos, las manos calientes, el pecho templado. De nuevo, nada es bueno o malo, no se trata de saltar a interpretaciones, solo hay que ir entendiendo los cambios que pasan en el cuerpo, cuándo cambia y por qué.

Tensión. Es de las cosas más dinámicas que existen en nuestro cuerpo. Estamos siempre en esa danza de tensión y distensión. Es increíble cómo reacciona nuestro cuerpo cuando pensamos, cuando nuestro *loop* mental no se detiene, cuando hacemos cuarenta sumas, restas y multiplicaciones con el dinero que queda de la quincena. La tensión es un gran indicador para saber en dónde está el nudo emocional. El cuerpo también te irá indicando qué te preocupa o qué liberaste. Ábrete a la comprensión y juega, a través de la respiración, con el gran poder que tiene tu cuerpo para ir transformando la tensión.

Movimiento. Parece obvio, pero no lo es tanto: el cuerpo se mueve todo el tiempo, y las sensaciones también. Muchas de ellas no son estáticas, el hormigueo, la tensión y la respiración, por ejemplo, generan mucho movimiento interno. Obsérvalo y sigue la ruta para descubrir qué es lo que realmente tienes que sanar.

Contacto. Es la sensación, por ejemplo, que experimenta nuestra piel cuando se encuentra con la ropa, cuando un labio se encuentra con el otro, el ojo con el párpado y hasta los muebles con nuestro cuerpo. Es importante identificar estas sensaciones para no sesgar nuestra lectura, porque cuanto más conscientes seamos de esta dimensión del cuerpo, más fácil será ir leyendo las demás.

Las sensaciones corporales son dinámicas. Para escucharlas necesitamos estar aquí y ahora. Debemos enfocar nuestra atención en nuestra respiración y para ello se requieren pausas mentales. Ellas tienen beneficios físicos increíblemente poderosos, que nos hacen resetear nuestro cerebro y, de esa forma, tomar mejores decisiones. Las pausas provocan claridad, reducen el estrés y la ansiedad y, además, ayudan a tener un entendimiento más profundo y honesto de uno mismo.

Esas pausas mentales las podemos hacer en cualquier lugar, y justo por necesitarlas o desearlas ocurrirán en el contexto perfecto. En el tráfico, esperando el metro, subiendo por un elevador. Lo interesante de la técnica del *mindfulness* es que con solo una respiración puedes estar escuchándote a un nivel muy profundo.

Te preguntarás ahora: ¿qué es el *mindfulness*? ¿Con qué se come? En pocas palabras, es una práctica que invita a atender lo que está pasando en tu mente en el aquí y en el ahora. No tiene nada que ver con evadir la realidad y no pensar en el futuro o en el pasado. Es ver qué necesitas de esa mesa redonda interna de la que hablamos antes, porque desde el momento en que un pensamiento aparece en esa lista de reproducción mental, quiere algo sí o sí.

Mindfulness es atender los pensamientos y verlos sin juicio. A nuestro cerebro le encanta adelantarse, completar ideas y frases y así formar una opinión a partir de juicios previos. Debemos trabajar contra ese vicio de adivinar los pensamientos (propios o del otro), de emitir una opinión precipitada y dejar de escuchar. La solución en realidad es ver las cosas con paciencia, porque a veces los pensamientos tardan en revelar la razón por la que llaman tu atención. Observa tus ideas con ojos de principiante. Quédate a curiosear con ellas y escucha con detenimiento lo que quieren decirte.

Por ejemplo: si de pronto, de la nada, te viene el recuerdo de cuando tu tía te regañaba por no comerte el hígado encebollado, es momento de detenerte y ver qué le ocurre a tu cuerpo. ¿Por qué lo recordaste en ese momento? ¿Qué te está haciendo sentir en el cuerpo? ¿Cuáles son las sensaciones corporales que acompañan a ese pensamiento?

El *mindfulness* es una práctica que ha cobrado muchísima fuerza últimamente porque trae consigo beneficios poderosos. Pero lo que yo más gozo de este estilo de vida es que me permite vivir las cosas con todos mis sentidos más despiertos. Cuando estoy tomando café, por ejemplo, logro percibir olores, sabores, temperatura, materiales de la taza que tocan mi boca, y hasta mi propia mano. Es como si todo se hiciera más grande, verdaderamente se vuelve una experiencia poderosa. Además, es como si le hubiéramos dicho a la cámara de nuestro cerebro: grábalo completo.

Conforme vas integrando el *mindfulness* a tu vida, los sentidos se agudizan, se facilita la concentración y te vuelves un observador entrenado, como un científico que no sabe qué va a encontrar en su experimento. Pero, la verdad, a mí me gusta más imaginarlo como un «chismoso» que quiere enterarse con mucha curiosidad desinteresada qué fue lo que ocurrió.

El chismoso primero ve la bola de gente que atrapa su atención, luego camina hacia el lugar, se para de puntitas, mueve el cuello buscando un mejor lugar para observar y poco a poco va sacando conclusiones.

Aunque la palabra *chismoso* tenga una connotación no tan positiva en nuestra cultura, uno de los elementos más importantes en la práctica del *mindfulness* es que nada es bueno ni malo. Recuerda esto a lo largo del libro y todos los días de tu vida: las cosas simplemente son. En esto es muy similar al principio budista de vacuidad. Uno, a través de lo que ha vivido, les pone adjetivos y opinión a las cosas cuando en realidad no es necesario hacerlo.

Una vez que le quitaste cualquier carga emotiva a la palabra, esta práctica te invita a ser un chismoso en búsqueda de entendimiento. Alguien que sin antecedentes, con una mente de principiante, busque la información necesaria para decir: «¡Ah! Ya entendí lo que dice mi cuerpo». Esto debes hacerlo sin intelectualizar, es decir, sin hacer asociaciones con conceptos más elevados o confusos, porque en realidad lo que se busca es solamente entender qué pasa en el plano físico, en tu cuerpo.

Intelectualizar es tratar de encontrar una explicación extra a lo que a veces es más importante, solo escuchar y entender. Imagínate: de repente sientes un dolor en el pecho, las mejillas pierden tensión y tus hombros y cuello se tensan. Ahí es cuando te detienes un momento y escuchas. Chismoseas. Luego, quizá reconozcas: «Están tocando la canción que alguna vez me dedicó mi ex». Y te quedas ahí, contemplas lo que estás sintiendo, a veces, a través de una respiración profunda, puedes experimentar lo mismo pero de una manera más sana y menos dolorosa.

Es importante también que sepas distinguir las cosas que son *mindfulness* de las que no lo son. Por ejemplo: *mindfulness* no es generar pensamiento positivo, porque de hecho ni siquiera es pensamiento. Más bien es aceptar y honrar lo que se está sintiendo y atender lo que se pide. Por ello, se vuelve una práctica muy poderosa para sanar de fondo si se sabe procesar después de sentir. Es una disciplina que implica desarrollar una oreja interna y otra externa, y así estar muy pendiente de lo que entra: ¿qué genera esto?, ¿qué recuerdos despierta en mí?

Todo patrón está constituido por un aspecto mental, una energía emocional y la reacción física del cuerpo. La cabeza es la más gritona. Quiere que la escuchen todo el tiempo. No está mal, pero hay momentos en que es mejor bajarle un poco el volumen.

En el ejemplo de tu ex y el dolor en el pecho, lo más seguro es que tu mente quería que escucharas su gran hallazgo y conclusión: «Claro, mi herida de abandono no ha sanado porque, además, me recordaba a mi papá, que, por cierto, como no me ponía atención, construyó una herida de rechazo. Entonces estoy sintiendo dos pérdidas, y entonces, y entonces…». Conversaciones en círculo que ni siquiera llegan a un lugar seguro y sí te pueden ahogar.

Qué pasaría, en cambio, si le subieras el volumen al cuerpo y desde ese lugar le agradecieras el mensaje, lo honraras, porque era algo que no tenías tan claro. Y qué tal si respiraras para sacarte de encima esta sensación corporal y luego dijeras honestamente: «Aún hay dolor, algo tengo que sanar».

Una de las grandes premisas en el mundo de las emociones es que, si aún se sienten, aún no han trascendido. Es decir, si aún te enojas cuando cuentas cómo tu examiga te bajó a tu exnovio, entonces todavía no lo has perdonado a él, a ella, o a ti. Mientras en la historia que te cuentas sigan existiendo emociones, o mientras disparadores externos las produzcan, hay cosas que trascender.

Por eso es importante escucharnos, porque cada tensión, distensión, cambio de temperatura, opresión y movimiento que se produce en nuestro cuerpo trae un mensaje lleno de información que nos podría ahorrar muchas peleas, malos ratos y circunstancias más gritonas, para, finalmente, detenernos y escuchar el mensaje.

Recuerda que lo que no se sana se repite, lo que no se perdona se carga, lo que no se repara se rompe más, lo que no se abraza se aferra para no caerse, lo que no se agradece no se incorpora como regalo. Vinimos a esta experiencia humana con un cuerpo como monitor, que nos cuenta lo que está ocurriendo adentro.

Para lograr esta conexión con el cuerpo es necesario entrenar a la mente para que espere su turno, lo cual requiere una práctica meditativa que haga cada vez más fácil estos procesos de pausas mentales.

¿Cómo funciona esto? Se trata de incorporar momentos de silencio que nos permitan indagar para entender, a través de la quietud, muchas cosas que a veces no entendemos porque la mente no nos lo permite. Para esto no necesitas sentarte con las piernas cruzadas ni usar un turbante. Se trata, más bien, de abrazar el gran regalo que nos da el silencio, el cual conlleva todas las respuestas que se obtienen al practicarlo.

La postura para esta práctica debe ser una que te ayude a sentir si hay tensión o no en el cuerpo, y que ayude a que la respiración descienda hasta el estómago. Esa respiración es la que usamos cuando inflamos globos y trae consigo unos beneficios increíbles. En este caso no importa tanto la forma como el fondo, es decir, la intención con que lo hagas.

Gracias a la tecnología existen muchas aplicaciones, videos en YouTube y otros sitios en los que puedes apoyarte para que alguien te guíe para adquirir el hábito. Entiendo que hacerlo va en contra de la comodidad de nuestro cerebro, pero recuerda que la razón detrás de este esfuerzo es conversar largo y tendido contigo mismo. ¿Cada cuánto haces esto?

Estos espacios de silencio nos ayudan a que, en vez de reaccionar de manera precipitada ante cualquier estímulo externo y sacar nuestro peor lado, respondamos con más calma y con una posibilidad de ver las consecuencias a largo plazo. Lo que ocurre, metafóricamente hablando, es que limpiamos los lentes con los que vemos la vida, y entonces no nos tomamos las cosas a nivel personal. Las pausas ayudan a que nuestro vaso mental no se llene nunca y a que tengamos muchas menos emociones negativas latentes, listas para brincar en cualquier momento.

Hay que entender que todo proceso que se repite una y otra vez se automatiza en el cerebro, y eso lo vuelve una reacción inconsciente. De ahí la importancia de poner pausa. Hay relaciones que pueden destruirse porque uno de los dos no supo hacerlas.

Viktor Frankl, el psicólogo que sobrevivió al Holocausto y creó la logoterapia, decía que entre el estímulo y la respuesta el ser humano siempre tiene la capacidad de crear una distancia y elegir cuál es la respuesta más adecuada. Para eso es importante respirar, sentir, soltar y responder. ¡Qué importante ajuste hay que hacer!

El cuerpo no solo habla para decirnos que algo de nuestro pasado aún no ha sanado, también nos advierte de peligros. Recuerda que las sensaciones son la respuesta a la información que recogen nuestros cinco sentidos y que llegan directamente al sistema límbico. Ellas son las que le dicen a nuestro cuerpo cuando existe un peligro y tenemos que estar atentos y en estado de alerta.

Se trata de un sistema muy depurado que nos regala la posibilidad de saber e intuir cosas incluso antes de que la mente entienda qué está pasando. Si la dejáramos trabajar a su ritmo, por más rápida que fuera para sacar conclusiones, se tardaría en darse cuenta de lo que está pasando y eso podría determinar si vives o mueres. Cada uno de nuestros sentidos absorbe toda la información y concluye cosas.

Ahora, la intuición se alimenta de esas sensaciones y, junto con el corazón, hacen una labor espectacular. ¿Sabías que el corazón tiene su propio cerebro? Los neurocardiólogos han encontrado que de 60 a 65% de las células del corazón son en realidad células neuronales. Antes se creía que eran células musculares. Pero son idénticas a las células nerviosas en el cerebro, trabajan a través de los mismos enlaces y utilizan los mismos neurotransmisores. ¡Qué increíble hallazgo!

Además, nuestro corazón origina un campo electromagnético cien veces mayor que el del cerebro. Como buena energía, tiene un poder increíble para que sus sensaciones influyan en el entorno. O sea que cuidado con las emociones que sientes, porque estas también se expresan físicamente. Como dato curioso el primer órgano que se forma en el feto, antes que el cerebro, es el corazón, y los doctores aún no se explican cómo surge el primer latido.

Esto es importante porque la intuición es un poder que a veces no consideramos, y hoy la ciencia ha empezado a comprobar que, en cierta forma, se trata de la información que sale del corazón mismo. Este aprende, recuerda, siente y percibe de forma autónoma. Por eso existen personas que literalmente se mueren del síndrome del corazón roto. Atravesar por una tristeza muy profunda puede provocar un paro cardiaco. ¡Así de conectado está el mundo de las emociones con el cuerpo físico!

El corazón, además, tiene una conexión directa con el cerebro emocional y puede reaccionar a un estímulo incluso antes de que ocurra, mucho antes de que la información llegue al cerebro. Por eso, cuando sientes que algo no está bien: créelo. El cuerpo te está diciendo que este magnífico órgano sabe algo que tu cerebro todavía no. Si algo dentro de ti reacciona y te envía un mensaje, ¿por qué tienes que ponerlo en tela de juicio?

Muchas veces el cuerpo percibe los avisos de la intuición como un vacío incómodo en el estómago, como una sensación de que no puedes estar con una persona o en un lugar determinado, como un impulso por irte de ahí. De nuevo: cuando percibas que tu intuición te está diciendo algo, a veces sería bueno no esperar a que tu mente lo confirme, ¡no opongas resistencia! Escúchala.

Cuando no existe un flujo armonioso de información, cooperación y acuerdos —es decir, cuando la mente piensa una cosa y la intuición siente otra—, se produce lo que se conoce como incoherencia cardiaca. Esa oposición desconecta a nuestro cuerpo de la mente y se produce una separación que genera cierta tensión, o de plano desconexión, del mundo emocional; y si eso ocurre, dejamos de tener comunicación con el resto de las partes.

La coherencia cardiaca, que es la armonía entre lo que dice la mente y lo que dice el corazón, produce que se sincronicen todos los sistemas. Desde la respiración, la digestión y la respuesta del sistema inmunológico, hasta el sistema hormonal. Todo trabaja en armonía, no hay peleas entre los jefes, por lo que ese ambiente de colaboración hace que los «empleados» se comprometan más. Por eso es tan importante que te escuches. Un mal funcionamiento de tu cuerpo, por lo tanto, podría ser una invitación a buscar que lo que piensas sea congruente con lo que sientes.

El cuerpo también puede ser un atajo para entender cuál es la mejor decisión por tomar. Como dijimos: la congruencia genera sincronía y armonía en todos los sentidos; por ello, cuando estés a punto de firmar algo y sientas que te falta el aire, que cargas con un bulto pesado en la espalda, que el pecho te duele o que te pica la garganta, detente un momento.

Primero, y en completa presencia, haz un escaneo de tu cuerpo para que puedas identificar si la incomodidad tiene que ver con la decisión que estás a punto de ejecutar. Para probar qué tanto se relaciona con ella intenta imaginar qué pasaría si no tomaras esa decisión. El cuerpo es tan sabio que puede guiarte al mejor lugar.

Un gran *sí* se manifiesta cuando te sientes ligero, cuando ninguna emoción se dispara ni activa tu sistema de protección y amenaza, cuando al tomar la decisión conectas con emociones más positivas y generas un estado anímico positivo.

Si ocurre todo lo contrario, si sientes tensión en los hombros, el corazón apretado y la mandíbula rígida, entonces tu cuerpo te está indicando que ese no es el camino. Una estrategia es chismear con tu cuerpo y tratar de entender qué emociones te activa esa decisión, y cuáles reconoces y replicas. O bien, hacerle caso a esta inteligencia cardiaca y seguir tu intuición.

Desde esta perspectiva, la invitación es a vivir siempre en completa sincronía entre la mente y el corazón. Y como me encanta jugar con las metáforas, te comparto una que creo que cae como anillo al dedo. Aura Medina, una extraordinaria psicoterapeuta y autora, compartió conmigo esta maravillosa frase de Marianne Williamson, autora estadounidense: «El mundo aún no ha escuchado la canción más hermosa, el hombre y la mujer encontrándose y sentándose juntos en el trono».

La mente: palabra femenina.

El corazón: palabra masculina.

Normalmente se dice que la mente es masculina y el corazón femenino. En este caso los artículos están invertidos y para mí se trata del bendito juego de estas energías que se complementan y conviven para generar un bienestar mayor. Te reto a que logres sentar a estos dos grandes en la mesa redonda interna para tomar decisiones. Que trabajen en colaboración y que puedan generar esta armonía constante en tu cuerpo. ¡Qué maravilloso sería ir encontrando a gente que irradie cosas muy bonitas desde su corazón y las contagie a todo su entorno!

La cara habla

Me atrevería a decir que a veces hasta grita. Es una manera clara que tienen nuestras emociones y nuestra alma para hablar con nosotros y ayudarnos a enfocar y elegir el camino de transformación que necesitamos recorrer. Este conocimiento ancestral tiene sus orígenes en la filosofía taoísta, hace ya

miles de años que tenía como objetivo encontrar prácticas al-
quimistas que llevaran a la inmortalidad y a la buena salud.
Es increíble cómo hoy muchas investigaciones científicas,
antropológicas y psicológicas validan mucho de lo que se
decía en ese entonces. Todos los días, a lo largo de mi práctica, me sigue sorprendiendo el gran poder de transformación
que tenemos los seres humanos cuando elegimos tener conciencia, hacernos responsables y realmente escucharnos.

La lectura de rostro, al igual que la del pulso, de la lengua
o del iris, también fue muy usada en China como un sistema
de diagnóstico con fines de salud. Las mujeres señalaban en
un maniquí la parte del cuerpo en la que sentían malestar y
así se hacía la prescripción herbolaria. En el mundo griego también se habló de este tema: Aristóteles y Platón fueron grandes exponentes y marcaron precedentes importantes para el
mundo occidental. Después de ellos, Lavater y toda la escuela
francesa hablaron también del rostro, con teorías como la fre-
nología, morfopsicología y fisonomía.

Pero más allá del determinismo que proponen algunas de
estas corrientes, la lectura de rostro es casi un manual de uso
que nos dan desde que nacemos para conocernos, comprendernos, amarnos, honrarnos y monitorearnos. Y más todavía, a
través de la lectura de la cara podemos ver las manifestaciones
de los avances de cosas que estamos sanando, o bien, de las
emociones que estamos desbloqueando. Por lo que he comprobado, la lectura de rostro nos es útil para volvernos nuestra
mejor versión, así que en vez de cuestionar o juzgar la cara
que hoy tenemos, lo que debemos hacer es preguntarnos: ¿qué
cara quiero tener?

Bien dicen por ahí que no existe una sola persona a la que
no puedas amar si conoces su historia de vida, y ese regalo te lo da también la lectura de cara. Esta es un mapa que
nos señala en dónde ha estado una persona, y con ello puede

ayudarnos a desarrollar la empatía, a hablar el lenguaje del otro y establecer mejores relaciones.

Pero ¿podemos cambiar nuestra cara? ¡Vaya que podemos! Ya quisiéramos muchos de nosotros tener la constancia de nuestro cerebro para pensar cosas que tengan implícita alguna emoción. ¡Todos los días llevamos al gimnasio a esos 44 músculos faciales! Tan es así que cuando recreas una pelea que tuviste con tu jefe, tu cuerpo segrega las mismas hormonas que segregaste en el momento en que esta ocurrió verdaderamente, y si al momento de recordarla te pusieras frente a un espejo, verías cómo se mueven los músculos faciales, de una manera sutil o más obvia. ¡Ese es el ejercicio de la cara que moldea tu rostro! A eso se suma lo que el cortisol, la hormona del estrés, le hace a tu piel y, en consecuencia, las arrugas que genera. ¡Cambia toda la estructura facial!: huesos, cartílagos, músculos, piel, coloración. ¡Es impresionante la velocidad con la que nuestra cara absorbe los cambios! Se vuelve tu holograma y la fotografía de tu alma.

Por eso, gestionar lo que piensas puede volverse la verdadera solución a las temidas líneas de expresión, flacidez facial y hasta luminosidad en la cara, de manera permanente y bastante económica. ¡Te sorprenderá conocer cómo a través de lo que pensamos podemos realmente quitarnos unos cuantos años de encima! Ahora, fácil, lo que se dice fácil, no es, porque requiere conciencia, responsabilidad, disciplina, voluntad y, por supuesto, muchas ganas de hacerlo para monitorear y transformar esos pensamientos que elegimos poner en nuestra cabeza.

Por ello, si deseas escuchar tu rostro, obsérvalo detenidamente y mira qué historia cuenta en este momento. Todas las coloraciones, arrugas, facciones y marcas nos dicen algo que hay que leer con atención, como si fuera un rompecabezas, uno que has ido construyendo con las piezas que componen tu esencia y que, además, te recuerdan constantemente tus talentos y tu misión de vida. No solo eso, la cara se vuelve la opinión que tienes de tu vida, y vaya que ello impacta en los resultados de las cosas que te propones hacer. Todo eso lo veremos en el capítulo «Reescribe».

Por ahora, concéntrate en escuchar los mensajes más importantes en tu rostro (tensión y coloración), de forma que puedas ir dialogando de una manera más empática, compasiva y amorosa contigo mismo.

Tensión. Como lo vimos con el cuerpo, este es uno de los elementos que más nos pueden revelar si tenemos alguna emoción contenida. Existen diferentes tipos de emociones y es importante que las valides todas. Una es la que se genera cuando estás enojado; en ese caso se tensa la mandíbula, las cejas y la parte superior de la boca. Cuando estás alegre, la tensión es en mejillas, ojos y mentón. Haz de nuevo una pausa, siente en dónde está la tensión y escucha el mensaje. ¿Qué la está detonando?

Cuando se vive por mucho tiempo esta contención, la cara se empieza a transformar; por ello hay que ser muy enfáticos en que las emociones son temporales, pero algunos cambios faciales no lo son. Cuando la tensión está presente de manera constante en ti, se generan bloqueos que a la larga pueden enviarte mensajes a gritos. Para empezar, se podrían manifestar con un gesto más duro en tu rostro, menos amable y accesible para el resto de las personas. ¡Evita llegar a ese punto!

Coloración. Las coloraciones son un lenguaje increíble en el mundo de la lectura del rostro. En el Antiguo Oriente vincularon los órganos con las facciones y observaron que la aparición de determinados colores marcaba ciertos bloqueos emocionales o físicos. Dependiendo de en dónde se encontraban, significaban cosas diferentes. Por ejemplo: en las mejillas están los pulmones, que conectan con la emoción del duelo. Cuando aparece una coloración en esa zona, el rostro nos habla de duelos que no han sido liberados por completo. Cada color dice algo.

- Verde / Amarillo: Intoxicación
- Rojo: Inflamación
- Morado / Café: Estancamiento
- Blanco: Evasión

Dependiendo del color que se tenga, será interesante asociarlo a la facción y la emoción-raíz con las que conecta ese cambio. Las que observo con más frecuencia en las consultorías faciales son las siguientes:

- Mejillas – Pulmones – Inspiración
- Bolsas de los ojos / Ojeras – Riñón – Fluir
- Labios – Intestino – Nutrición
- Zona superior labios – Colon / Aparato reproductor – Dejar ir

La interpretación de cada mancha dependerá del resto del rostro. Recuerda que cada uno es un rompecabezas. Lo importante es que, si detectas ojeras en color blanco, estás evadiendo algo muy doloroso que no te deja fluir al 100%. Si el color arriba de los labios es café, probablemente padezcas de colitis. Debes dejar de ser tan duro contigo mismo y dejar ir cosas que no son emocionalmente positivas para ti.

La perfección es muy peligrosa para la creatividad y fertilidad de proyectos. Por ello también ataca el sistema reproductor, que simboliza justamente estas características. Cuando los labios presentan una coloración roja, probablemente el sistema digestivo esté inflamado y necesites reducir tu ingesta de condimentos o grasas. La piel amarilla o verde nos habla de un estado de intoxicación. Es muy común verlo en personas que están enfermas; cuando mejoran, hasta la piel se les ve radiante y con otro color.

La cara cambia pero, sobre todo, habla. Escucha el mensaje que te está dando, solo así podrás conectar con un camino emocional sanador y comprobarás el poder que tienes de transformar tu rostro y tu vida en general.

Recuerda que la cara es un testigo insobornable. No miente, es muy chismosa, pero solamente quiere lo mejor para ti. Recibe el mensaje sin juicios estéticos y, en vez de taparle la boca cubriéndolo solo por fuera, también haz un trabajo interno que complemente cualquier rutina de belleza que tengas, solo así podrás sacarle jugo a este grandioso viaje de descubrimiento. Utiliza de pretexto las rutinas de higiene que te ponen enfrente de un espejo. Estoy segura de que serán muy reveladoras para tu diálogo interno. ¡Escúchate!

Habita tu cuerpo

El mayor reto que tenemos es habitar nuestro cuerpo con dignidad y placer. Es decir, construir las condiciones correctas para gozarlo y disfrutar todo lo que podamos experimentar a través de este grandioso vehículo que trajimos a este plano y a esta existencia. Habitar tu cuerpo no solo consiste en estar ahí y hacer bulto; al contrario, es vivirlo sacándole el máximo jugo posible.

Una forma de empezar a disfrutarlo es embelleciéndolo. Es increíble habitar algo que te gusta. Hasta quieres estar más tiempo ahí. Y no me refiero únicamente a ponerlo más guapo por fuera, no. Hablo de empezar a arreglarlo por dentro. Entiendo que la palabra *belleza* tiene muchas lecturas, pero creo que en general podemos coincidir en que, si algo no está en su lugar o le falta higiene, no entra en la categoría de bello.

Por eso la limpieza es el primer y el más importante paso para honrar el hogar que has elegido habitar.

La analogía que yo utilizo hace referencia justamente a la casa que habitas. El lugar donde vives, aunque no tengas visitas, requiere limpieza constante. Hay que barrer, trapear, sacudir, tender camas; esas actividades cotidianas que la mantienen digna, habitable.

Evidentemente, no somos personas aisladas que viven en una montaña y meditan diez horas al día. Interactuamos con otros todo el tiempo y, en ese sentido, es como si entraran a nuestra casa. Algunos tienen la delicadeza de limpiarse los zapatos antes de ingresar, otros llegan tan apurados que entran con toda la suciedad acumulada del día y dejan mucha de ella en los pisos y muebles, regada por aquí y por allá.

Cuando hablo de suciedad, me refiero a las emociones, actitudes, pensamientos y narrativa personal que no aportan nada. Es más: quitan mucho. En cambio, aquellos que metieron el pie en el lodo, pero que tuvieron la delicadeza de limpiarlo, claramente son personas conscientes, que hacen su tarea de no arremeter en contra de otros con su energía o su rol de victimización. Pero, ¿y los que no? ¡Ahí está el desafío!

Tu casa entonces va acumulando todo el polvo y la suciedad normal que aparece solo por vivir ahí, por rumiar, recordar y creer. Súmale un poquito de lo que quedó de una discusión con tu amiga; aunque superaron el malentendido y se quitó la mancha lo más que se pudo, dejó algo. Agrega a la vecina que está pasando por un momento tremendo y llegó con todo y sus perros a tu casa. ¡Se armó la fiesta emocional ahí!

Ahora fíjate en la contradicción. Intuyo que limpias tu casa regularmente. Entre lavar los platos sucios y tender la cama, atiendes algunas labores diarias, por pequeñas que parezcan. Pero en el caso del trabajo emocional, a veces no es tan visible, porque la manera en que dialogas contigo es a través de tu cuerpo, al que no escuchas. Claro, se acumulan años de fiestas emocionales que no has procesado y, cuando haces limpieza, encuentras una cantidad de cosas que estaban escondidas debajo del tapete que ni siquiera sabías que estaban ahí.

Habitar tu cuerpo es tener el hábito de escucharlo y limpiar lo que sea necesario. No dejar que se acumule la mugre y mucho menos esconder en el armario o debajo de la alfombra todo el polvo para que nadie lo vea. Ese tipo de acciones tienden a ser contraproducentes, porque en el momento en que decidas abrir ese clóset, quitar el tapete o mover un mueble, ¡una tremenda polvareda ensuciará todo lo demás!

Esconder o *evadir* no son sinónimos de *desaparecer*. Ese «desorden» vivirá ahí y cuando menos lo esperes pedirá atención a gritos para que lo limpies. Ojo: no creo que sea necesario llegar a ese grado para atenderlo. ¡Escúchalo y actúa! Recuerda que **conciencia sin acción es negligencia.**

Una vez que el cuerpo esté limpio, vale la pena ponerlo bonito a través de nuestra alimentación, ejercicio, hábitos de sueño, relaciones. Todo lo que nos nutra física o emocionalmente será clave para que habitemos felizmente el lugar en donde, de hecho, vivimos todo el tiempo.

El movimiento físico, en particular, es muy importante para destrabar los bloqueos que podríamos haber generado por las tensiones de las que ya hablamos. Puedes tener una rutina diaria de cardio, pero hasta algo tan sencillo como bailar puede ser excelente para sanar. El chiste es mover el cuerpo para que también se mueva esa emoción contenida y almacenada ahí. Nadie quiere cargarla y sentir su peso constantemente.

La respiración es otra manera de alimentar y honrar la casa que habitas. Trata de hacerlo como parte de tus rutinas y hábitos diarios. Si es necesario, pon alarmas que te digan que es momento de hacerlo. Hazlo por lo menos seis veces al día, con inhalaciones y exhalaciones profundas. Escanea tu cuerpo después de hacerlo y notarás una diferencia a nivel corporal, pero sobre todo a nivel mental, lo que cambiará la manera en que ves las cosas.

Habitar tu cuerpo y disfrutarlo también significa hacer caso de sus necesidades, aunque parezcan simples. Si necesitas quedarte un día completo acostado en la cama y sin bañarte, hazlo. Vivimos tan sobreestresados que un día de descanso total probablemente hará que recuperes la energía. Solo monitorea que el mensaje que te esté dando no es otro, sobre todo si no es un día, sino mucho tiempo el que lleva así. No sabes todos los beneficios que trae el no hacer nada. Ayuda a los riñones a recuperarse, a que tu mente baje las revoluciones. Las pausas físicas también son necesarias.

Aunque nuestro cuerpo esté diseñado para moverse, toda pausa nos ayuda a recuperar el aliento, a ajustar la estrategia, a reenfocar el objetivo y a tener la certeza de que nuestro caminar será revelador.

Vale la pena disfrutar la experiencia humana, así que abraza tu cuerpo y agradece todo lo que ha hecho por ti. Te ha llevado a lugares extraordinarios... y los que le faltan. Es el único cuerpo que tienes y la tregua que puedas firmar con él y con todo tu entorno será en beneficio tuyo. Nuestro cuerpo siente, intuye, sabe qué está sucediendo y hasta lo que necesita. Inicia una conversación profunda con el tuyo.

❧ TRASCIENDE ❧

Llegó el momento de despegar

Claudia Sánchez M.

Hola, me encanta la idea de poder platicar contigo sobre algunas de las posibilidades que ofrece la numerología conductual. Espero que, como a mí, te pueda abrir una nueva luz en el camino.

La idea es convertirse en una persona con nuevas y prácticas herramientas para resolver las situaciones que se presentan día a día, para decidir asertivamente, para decir las palabras indicadas, actuar de una manera más efectiva y ser alguien con más respuestas para todas sus preguntas.

Ese alguien eres tú, un ser que al igual que todos trae consigo un manual integrado que puedes consultar a partir de tu fecha de nacimiento, un ser que a pesar de todas las pruebas difíciles que se le han presentado tiene los elementos con los cuales puede salir adelante con dignidad, con aplomo y sobre todo con la certeza de que es posible hacer realidad sus sueños.

Como podrás notar, me emociona mucho hablar de la numerología conductual y voy a compartir contigo por qué, además de todos los regalos que me ha dado a nivel personal, he sido testigo de los grandes cambios, respuestas, soluciones y satisfacciones que le ha generado a más de 6000 personas a las que he tenido la oportunidad de asesorar en los últimos 15 años, lo cual para mí es un gran regalo de Dios; imagínate tocar vidas y hacer sonreír a quienes confiaron en ti.

Por ello quiero agradecerte nuevamente, de todo corazón, el regalo que me das al leer este libro y al estar abierto a partir de este momento a conectar con algo que es tuyo, que siempre ha estado ahí y que solo necesitas integrar a tu realidad actual.

Antes de iniciar te voy a platicar un poquito de mí, de mi experiencia y de lo que puedes esperar. Es importante aclararte que tengo una formación algo extraña y singular: aunque ahora parezca raro, estudié Administración de Empresas. Ya titulada, y a pesar de haber logrado una buena posición a nivel organizacional, me di cuenta de que mi trabajo no me hacía tan feliz como se suponía que debía hacerlo, algo dentro de mí no estaba bien; sencillamente no me sentía realizada con lo que hacía, pues con todo y mi rápido crecimiento profesional como gerente en una importante compañía papelera, me seguía sintiendo vacía y desubicada.

Despertar cada mañana era para mí un martirio, pues iniciaba la discusión interna de levantarme para ir al trabajo que inconscientemente rechazaba, y ya que estaba en la oficina contaba las horas para terminar mi jornada de trabajo y salir corriendo para ir a tomar mis clases, unos maravillosos cursos de aplicación mental y de meditación a los que asistía por las tardes.

Así me acerqué a lo que realmente me hacía sentir feliz: el desarrollo humano. Participé en varios cursos, conferencias, talleres y diplomados, y ahí se agudizó mi interés por las causas de la conducta del ser humano, su forma de actuar, de hacer y sus respectivos resultados.

En ese nuevo camino me topé con algo que, aunque sabía que existía, no sabía realmente qué era. Después de una larga búsqueda, desde un diagnóstico clínico de salud mental, la psicoterapia transpersonal y la grafología, me topé con el conocimiento más grande, el que llegó a cambiar mi vida mi vida por completo: la numerología.

Este nuevo conocimiento dio un súbito vuelco a mi realidad y reveló una personalidad capaz de generar grandes logros, pero también grandes problemas. Me dio la oportunidad de comenzar a afinar mi forma de pensar y de ser para encaminarla hacia donde quería estar; de entender que me estaba midiendo y juzgando de una manera equivocada, que estaba haciendo y me estaba exigiendo cosas que no iban con lo que yo quería realmente, pero que las hacía porque me fueron exigidas desde niña.

La numerología conductual nos da la oportunidad de elegir lo que sí queremos para nuestra vida y desde esa certeza movernos a través de las fortalezas con las que venimos equipados y que podemos descubrir por nuestra fecha de nacimiento.

Fue entonces cuando comprendí que ver la numerología como una mancia o un instrumento esotérico no solo es una equivocación, sino un gran error, pues no analizar la personalidad individual en concordancia con sus biorritmos bloquea la posibilidad de tomar las decisiones correctas e inteligentes en el momento justo y preciso.

He decidido tomar lo mejor de los sistemas de numerología existentes y aterrizarlos al día a día y a la personalidad de cada persona. Decidí usar la numerología como una herramienta de alta precisión para comprendernos y comprender a los demás, mejorando sustancialmente los procesos de comunicación en todos sus sentidos: comprensión, aceptación, dirección e, incluso, selección.

Con ese fin creé, en 2006, el modelo Numerología Conductual Introspectiva (NCI), que rescata la numerología de las creencias esotéricas y la posiciona en el mundo del desarrollo humano como uno de los sistemas más asertivos en el análisis de la personalidad del individuo.

Si la numerología no te lleva a ser una mejor persona,
entonces no vale la pena su existencia.

¿Qué es la numerología conductual?

La numerología conductual es la disciplina que estudia la información que tenemos guardada en códigos numéricos, y nos enseña a utilizarla en nuestro beneficio y el de los demás.

Es el estudio que analiza la personalidad, las características principales, las posibilidades y capacidades de una persona, sociedad, empresa o lugar a través de los números que están presentes tanto en fechas como en las letras del alfabeto.

La numerología conductual nos ayuda a conectar con quien realmente somos, pues nos habla de nuestra personalidad, de cuáles son nuestras fortalezas naturales, de cuál es el camino más fácil para mejorar nuestro desarrollo personal y de qué manera podemos aprovechar nuestros números para vivir una vida más feliz, tener relaciones interpersonales sanas y aprovechar nuestras fortalezas para nuestro bien y el de todos.

Por desconocimiento, mucha gente cree que la numerología es solamente un método de predicción o adivinación, mas no es así. Si se estudia a profundidad, se descubrirá que todo el universo está regido por números y fechas que nunca serán casuales, pues las matemáticas son exactas.

Nuestra fecha de nacimiento ya marca una tendencia en nuestra forma de ser. Las diferencias entre personas se determinan según las características de cada uno, por el aspecto genético y por sus ejemplos de vida.

Podemos interpretar la forma de ser de alguien a través de los números de su fecha de nacimiento y también por la numerología de su nombre, dándole un valor numérico a cada letra para conocer el número que le rige.

En este punto es importante advertir que todo lo que aprenderás aquí es una tendencia y no una sentencia, así que prepárate, abre tu mente y sobre todo tu corazón...

La mañana llegó, el despertador me hizo dar un brinco y recordar que mi día había comenzado. «¡No puede ser!», grité internamente... «Estoy tan cansada». No podía darme permiso de quedarme un ratito más bajo las sabanas, había muchas cosas por hacer, y si no me apuraba mi niño llegaría tarde a la escuela. Además, tenía la agenda llena de estudios personalizados de numerología, un servicio presencial o en línea que doy desde hace varios años.

Muy a regañadientes, pero con mucho amor, me aseguré de que mi hijo quedara listo, con el uniforme impecable, bien peinado, guapo y reluciente para tomar el camino de todos los días hacia el jardín de niños.

Ya en la calle, a mi niño y a mí nos tocó ver un pequeño choque entre dos automóviles muy cerca del parque donde él juega por las tardes con sus amiguitos. Uno de los conductores se había pasado la luz roja y provocó el accidente. Unas cuantas calles más adelante, una mujer reprendía severamente a su niña, manoteando y gritando, mientras la pequeña la miraba con ojos de miedo.

Cerca de la escuela me llamó la atención una pila enorme de bolsas de basura malolientes que el barrendero no había recogido ese día...

En fin, llegamos. Dejé a mi hijo y de regreso a casa me puse a pensar en cuántas cosas desagradables había visto en tan solo 10 minutos de camino. ¿Qué pasaba ese día?, ¿todos los irresponsables habían salido a la misma hora? «¡Yo creo que no es un buen día! —pensé—. Será mejor andar con cautela».

De regreso e instalada en mi despacho, analicé detenidamente lo que había visto en la calle y me había entristecido, y también, por qué no decirlo, me había enojado, pues todas las escenas hablaban de la mala actitud de las personas en estos tiempos, de la falta de conciencia, la poca educación y la poca m... ¡*Toc, toc*! Los toquidos en la puerta de mi despacho me sacaron de golpe de mis agitados y turbulentos pensamientos.

La sonrisa de mi esposo me llamó la atención: «¿Ya viste? En el jardín hay una mariposa color naranja igualita a la que vimos ayer en el parque... ¿No será la misma?... Qué raro que algo tan bonito se repita idéntico en tan poco tiempo», me dijo.

Y después de su linda apreciación, mi esposo se fue porque tenía muchas cosas que hacer. Un momento: ¿en verdad dijo eso? No lo puedo creer, ¿de qué está hablando?, ¡si lo que está pasando este día es tan diferente a lo que él *quiere* ver! Pues por ver a sus mariposas no está viendo que... Espera, ¿qué fue lo que dije? ¿Por ver no está viendo? ¿O sea que podemos ver para no ver, o bien, «no ver» para ver lo que sí queremos ver?

Pero entonces, si lo que él vio es una realidad y lo que yo vi también, ¿qué está pasando? ¿O sea que las dos cosas suceden al mismo tiempo y cada uno está decidiendo qué ver y generando su propia percepción de la realidad? ¡NO INVENTES!

Sin pretenderlo, profundicé en el asunto. En ese instante me propuse investigar un poco más sobre nuestra naturaleza humana para así comprender mejor lo que acababa de pensar, y entonces encontré algo que me pareció y me sigue pareciendo sorprendente.

Resulta que la visión del ser humano es muy compleja: tiene lugar principalmente en el cerebro y no en los ojos, como podría parecer.

O sea que no vemos con los ojos, sino a través de los ojos, y estos tienen un campo de visión de aproximadamente 210 grados, como una gran vista panorámica, pero resulta que solo ponemos nuestra atención en los detalles visibles en un área de unos 60 grados. Pero esto no significa que todo lo demás no exista, no sea real o no esté sucediendo en ese preciso momento; simplemente no llamó nuestra atención, no lo consideramos parte de nuestra realidad en ese instante.

Así que ahora las grandes preguntas son: **¿Qué criterio es el que nos lleva a decidir qué es lo que sí vamos a observar en este momento?, ¿cuál es el motor que dirige nuestra atención hacia determinados sucesos dentro de todo nuestro panorama visual? ¿Lo que nosotros observamos es la realidad de las cosas?, ¿o de la vida?, ¿o de la existencia?**

Vaya, vaya. Pero si yo estoy observando algo, mi amigo otra cosa, el vecino otra y así sucesivamente, ¿quién va a tener la razón cuando discutamos sobre lo observado si cada uno va a emitir sus juicios y a forjar su experiencia con base en lo que ha vivido u observado a su alrededor?, ¿quién va a ser el dueño de la verdad?, ¿quién va a estar mal y quién va a estar en lo correcto?, ¿quién tendría el derecho o poder para juzgar a las demás personas si solo observó algunas de las cosas de la vida?

Y ahí es donde tiene sentido la idea de que nosotros creamos nuestra propia realidad a partir y por medio de nuestra percepción de las cosas, personas o situaciones que nos rodean, de que solo basta con fijar nuestra atención en un aspecto que por lo general observamos para que la percepción cambie.

Lo maravilloso de la numerología conductual es que nos da la oportunidad de considerar otro aspecto de las personas y las situaciones, y nos permite entenderlas desde un ángulo más real para ponerlas en su verdadera perspectiva y generar un proceso de sanación emocional que nos pueda liberar de prejuicios y suposiciones. Así nos ubica ante una realidad que nos puede dar elementos verdaderos para solucionar, liberar, sanar o simplemente disfrutar lo que nos rodea.

Espero que te encuentres listo, pues llegó el momento de iniciar una aventura hacia las causas o motivos por los que estás volteando a ver lo que ves. ¿Me entendiste el trabalenguas? Dicho de otra manera: por qué te estas envolviendo en esa realidad en la que continuamente te encuentras.

Todo esto tiene que ver con algo que inconscientemente decidiste aceptar en tu infancia, algo que se repetía continuamente y te afectaba, que formó en tu mente un patrón que ha servido como tamiz de tu visión para filtrar todo lo que ha sucedido y está sucediendo a tu alrededor.

Abordando el campo de la numerología conductual, cada uno de nosotros tiene una tendencia o inclinación hacia ciertos sucesos a partir de su fecha de nacimiento; es una tendencia que ha sido alimentada y fortalecida por nuestra educación, ejemplos y experiencias de vida, así que podemos darle una rascadita para iniciar este proceso de autoconocimiento. ¿Te parece si iniciamos?

Para poder iniciar es necesario saber y no olvidar que, dentro de la numerología, el día de nacimiento reducido a un dígito (ejemplo: 23, 2 + 3 = 5) representa *lo que quedó marcado en ti*, o sea que es una de nuestras áreas de oportunidad.

El significado de este número marca las causas de los desafíos que necesitamos sortear y, en el aspecto de la numerología conductual, nos dicta que, en la medida en que resolvamos esto, estaremos resolviendo lo que debemos trabajar y aprender como persona.

A continuación, comparto contigo la guía numérica para que comprendas cuál es tu tendencia y las situaciones que pudieron generar tu realidad actual. Te sugiero leer todos los números, pues seguramente encontrarás varias sorpresas acerca de tus seres queridos y las personas que te rodean.

Esto te ayudará a comprenderte, comprender a los demás y dejar de juzgar a la ligera y tener una mayor conciencia en tus relaciones.

Si naciste un día 1, 10, 19 o 28 de cualquier mes tienes las características del número uno

- Al nacer en un día de estos tiendes a que los logros laborales sean muy importantes para ti y a sentir que de eso depende tu desarrollo como persona.
- El trabajo siempre será una oportunidad y una gran bendición, por lo tanto, lo aprecias y valoras muchísimo.
- Por naturaleza, eres una persona muy ambiciosa, por lo que podrías aspirar a grandes metas laborales.
- A ti siempre te va a producir una gran satisfacción lograr una meta, obtener un reconocimiento de tus jefes o profesores y saber que tu equipo de trabajo, si lo tienes, te admira y respeta.
- Si en tu infancia los logros laborales fueron escasos y sientes que tus padres trabajaron por el mismo sueldo durante muchos años sin aprovechar oportunidades para mejorar su situación económica y laboral —ya sea por decisión propia o porque las condiciones no les permitieron mejorar de alguna manera—, esto puede generar frustración e incluso resentimiento.
- Tienes la necesidad interna de trascender de manera importante en tu empleo, en tu rubro profesional y en tus actividades cotidianas.

Necesitas sentirte autosuficiente y audaz para poder alcanzar tus metas. Te sugiero alcanzarlas con ambición pero sin resentimientos de por medio, perdonando y liberando el pasado, entendiendo que tus padres hicieron lo mejor que pudieron. Trata de comprender cuáles fueron las circunstancias que ellos atravesaron durante esa etapa.

Si sucedió todo lo contrario, es decir, si en tu infancia hubo mucho esfuerzo de tus padres para sacar adelante a la familia, esta va a ser una de tus grandes motivaciones como adulto y va a ser de los aspectos que les vas a agradecer toda la vida.

Si naciste un día 2, 11, 20 o 29 de cualquier mes tienes las características del número dos

- Lo anterior significa que los grandes pilares en tu vida están representados por la pareja sentimental.
- Para ti es de gran importancia desarrollar una relación sentimental de una manera sana, feliz y comprometida.
- Debes tener cuidado, pues tiendes a generar una fuerte codependencia hacia tu pareja.
- Si en tu infancia fuiste testigo de problemas en la relación de pareja de tus padres, si tus ejemplos de vida en este sentido no fueron tan positivos y no observaste que entre ellos hubiera respeto, buena comunicación y fidelidad, quizá conserves en ti dolor e inestabilidad.
- Si se separaron, pero no lo hicieron en los mejores términos, esto también te afectó, dejando una dolorosa huella en tu interior.
- Si sucedió así, quizá te convertiste en un joven o adulto con una expectativa muy alta de lo que puedes obtener en una relación sentimental.

Puede ser que esto haya generado que busques a una pareja perfecta, a un príncipe o princesa azul que llene tan altas expectativas. Pero déjame decirte que esto seguramente no sucederá, que en vez del príncipe o princesa perfectos, llegará un ser humano normal, con virtudes y defectos como todos. Tendrás que vivir todo un proceso de conocer a esa persona y buscar día a día que funcione la relación; unas veces tendrás éxito y otras no.

Para evitar que esto te pase en tus experiencias de pareja, te sugiero de todo corazón que te reconcilies con ese pasado que te lastima. Necesitas trabajar mucho en tu autoestima y evitar relaciones de codependencia.

Si sucedió todo lo contrario y en tus padres tuviste el ejemplo de amor, respeto y una buena comunicación, esto debió generar en ti un valor de suma importancia, que agradecerás siempre y te va a impulsar a actuar de esa misma manera en la edad adulta.

Si naciste un día 3, 12, 21 o 30 de cualquier mes tienes las características del número tres

- Esto genera en ti una gran necesidad de vivir tu vida con justicia y equidad.
- Esperas que tus relaciones interpersonales estén siempre basadas en estos dos principios.
- En ocasiones puedes interpretar una situación como injusta aunque no lo sea necesariamente, entonces, por buscar esa justicia, puedes terminar siendo injusto sin quererlo.
- Todos los tratos injustos que consideras haber recibido durante tu infancia, las diferencias que tus padres pudieron hacer entre tus hermanos y tú, si no recibiste apoyo para tus estudios, si te dieron responsabilidades que no te correspondían, etcétera, pudieron haber dejado una marca importante en ti.

- Todos estos eventos del pasado pudieron haber generado mucho enojo dentro de ti; por lo tanto, en el presente
puedes llegar a actuar demasiado a la defensiva.

Lo que yo te sugiero es perdonar ese pasado y darte cuenta de
que tal vez esas situaciones dejaron sembrado tal enojo en ti que
podrías tomarte todo demasiado personal.

Es importante que evites estar demasiado a la defensiva;
te desgastará a ti y también a la gente que te rodea, porque no
sabrán cómo tratarte o como abordar algunos temas contigo.

Si, por lo contrario, tuviste ejemplos de vida en los que tu
familia procuraba actuar con toda justicia, dando lo mismo a
todos los miembros de la familia, siempre lo vas a agradecer y
lo vas a tomar como un ejemplo a seguir.

Si naciste un día 4, 13, 22 o 31 de cualquier mes tienes las características del número cuatro

- Esto determina que le des un gran valor a todo lo relacionado con el trabajo y el esfuerzo que se requiere
para alcanzar cualquier tipo de meta en esta vida.
- Sin darte cuenta puedes llegar a sentir en algún momento cierto rechazo hacia las personas que no hacen
nada y que son perezosas o desidiosas.
- Necesitas sentir que te desarrollas a partir del trabajo y
la actividad constante en este ámbito, ya que para ti es
fundamental ganarte la vida con el sudor de tu frente.
- Eres capaz de soportar jornadas de trabajo muy pesadas y largas. Una alumna que tiene un hijo que nació
un día 13 dice que «son de uso rudo», y creo que tiene
mucha razón.
- Si en tu infancia los ejemplos de vida que obtuviste no
se basaron en la acción, en el trabajo, en la lucha cons-

tante y en hacer que las cosas sucedieran, esto puede haberte causado un resentimiento inconsciente; te sugiero analizarlo.

- Si consideras que existió la posibilidad de que tus padres mejoraran su condición con buenos empleos y no lo hicieron, podrías reprochárselos sin darte cuenta.

Te sugiero que trates de analizar esta parte de tu vida y que, si es necesario, perdones lo que tengas que perdonar, te liberes y sanes ese pasado que no te gustó para que no te conviertas en una persona obsesionada con el trabajo, sea este el que sea.

Si, por lo contrario, consideras que en tu infancia tu familia trabajaba mucho y te enseñó el valor que tiene esto, va a ser para ti una gran motivación y será de esa manera como tú quieras educar a tus hijos y ser un ejemplo para ellos.

Si naciste un día 5, 14 o 23 de cualquier mes tienes las características del número cinco

- Esto determina que para ti sea de vital importancia la libertad y la espontaneidad.
- Buscas fluir de manera natural por la vida y que las cosas fluyan también; te encanta que la vida te sorprenda y es algo que valoras enormemente.
- Tal vez las personas que te rodean no comprendan tu original estilo de vida, ya que se sale de toda norma, por lo que tendrás que dejar claro que tú eres así.
- Probablemente no tengas un trabajo de los que se conocen como tradicionales, con la estabilidad que tal vez la mayoría de las personas están buscando.
- Tiendes a buscar siempre un trabajo donde haya flexibilidad de horario, donde haya viajes y donde te valoren por los resultados que das y no por cumplir con un horario.

Si consideras que durante tu infancia viviste una disciplina exagerada y muy rígida, esto pudo haber provocado resentimientos difíciles de olvidar y tal vez hasta reaccionaste con cierta rebeldía para conseguir la libertad que necesitabas.

Te sugiero hacer todo lo necesario para superar esto; que trates de evitar el libertinaje en la medida de tus posibilidades y uses correctamente tu libertad, que no olvides que la única persona que puede cuidar de la integridad de tu cuerpo, mente y espíritu eres tú.

Si, por lo contrario, tuviste una infancia en la que tus padres te ofrecieron cierta libertad; te exigieron lo necesario pero sin exagerar, y confiaron en ti, vas a valorar mucho haber tenido esto en tu vida y les agradecerás por la libertad y confianza que te dieron.

Si naciste un día 6, 15 o 24 de cualquier mes tienes las características del número seis

- Esto determina que uno de los valores más importantes para ti sean tu familia y tu comunidad.
- En tu proyecto de vida es de vital importancia tener una familia feliz y unida.
- Cuentas con una gran capacidad y paciencia para relacionarte con toda la familia.
- Uno de los principales regalos que puedes tener es fortalecer los vínculos con los miembros de tu familia.
- Por el bien de tu comunidad, logras desarrollar la capacidad para ser un excelente mediador.
- Eres una persona carismática y de fácil trato; aprovéchalo para hacer el bien a todos.

Los problemas vividos con tu familia (padres, hermanos, primos, abuelos) durante tu infancia te dejaron mucho dolor y puede ser que, para compensar ese dolor, actúes como el padre de todos ellos buscando por cualquier medio su bienestar, y que te sientas culpable si no lo consigues.

Si logras sanar ese pasado, es muy probable que en el presente logres tener unas relaciones familiares sanas y armoniosas, sin olvidar los debidos límites para equilibrarlas.

Si durante tu infancia hubo armonía (recuerda que no existe familia perfecta), vas a valorar y agradecer haber vivido así. Vas a querer vivir y educar a tu familia de esa forma y vas a buscar la unión en todo momento.

Si naciste un día 7, 16 o 25 de cualquier mes tienes las características del número siete

- Haber nacido en uno de estos días te hace una persona curiosa, por lo que buscas respuestas a preguntas de todo tipo.
- Otra de las características que puedes tener es que te guste investigar lo que te interesa, pues esto te llena de satisfacción.
- Puedes ser de esas personas a las que les gusta ver programas de cultura general, la historia te puede llamar mucho la atención, los documentales sobre animales e investigaciones en general.
- Estudiar y mejorar académicamente es algo que te puede apasionar y en lo que no te importaría invertir tiempo y dinero.
- Eres de las personas capaces de estudiar por su cuenta o bien asistir a diplomados y conferencias; cursar un posgrado también es lo tuyo.

Si durante tu infancia no se valoraba el conocimiento ni la superación académica, puede ser que tengas resentimientos guardados y que llegues a considerar que perdiste un tiempo muy valioso sin estudiar, aprender y superarte.

Te sugiero que busques oportunidades para estudiar, ya que nunca es tarde para superarse. Quizás esto ayude a solucionar y perdonar ese pasado que te puede estar afectando.

Si en tu infancia te procuraron un camino de conocimiento y te apoyaron para superarte académicamente, lo vas a agradecer en el presente superándote y apoyando a otros a superarse en ese sentido.

Si naciste un día 8, 17 o 26 de cualquier mes tienes las características del número ocho

- Esto determina que seas una persona materialista: seguramente el dinero ocupa un lugar muy importante para ti; pero no hablamos de materialista en un mal sentido, lo que sucede es que por naturaleza entiendes que todo en la vida tiene un valor material y económico.
- Ya entendido esto podemos comprender que los logros materiales representan para ti un termómetro básico de tu desarrollo personal, por lo que te concentras en tu economía.
- Si sientes que en tu infancia le dieron poco valor al dinero o tal vez consideraban que era malo o incorrecto pensar mucho en el logro económico, pudiste sentirte afectado, pues estaban atentando contra tu objetivo de vida.
- Si existió una tendencia conformista en casa, eso también pudo molestarte e incomodarte.

- El hecho de que durante tu infancia tu familia no buscara una mejor situación financiera pudo haberte generado decepción y afectarte de manera inconsciente.

Si no manejas la situación de manera asertiva, esta podría conducirte a tener una ambición desmedida. Te sugiero perdonar estas situaciones del pasado y buscar el logro económico y material con una ambición sana.

La buena situación económica puede ser una gran meta, siempre y cuando no descuides otros aspectos importantes de tu vida como la salud, la familia, el amor, los momentos de recreación y el merecido descanso.

Si naciste un día 9, 18 o 27 de cualquier mes tienes las características del número nueve

- Esto determina que tengas metas muy elevadas y de mucha trascendencia.
- Eres de esas personas que buscas mejorar día a día en todos los aspectos de tu vida.
- Eres una persona que cuenta con mucha vitalidad y esto te lleva a estar en constante movimiento; eres inquieto y seguramente carismático.
- Este número te hace una persona inmensamente creativa, incluso con dotes de artista.
- Aprecias mucho el arte y buscas comunicarte siempre de alguna manera creativa.
- Las artes plásticas pueden ser tu gran pasión o, por lo menos, un pasatiempo que te equilibra.
- Te atraen las áreas de publicidad, mercadotecnia y ventas.

Si sientes que en tu infancia no les daban el verdadero valor a las actividades artísticas, creativas y de comunicación, es posible que hayas llegado a considerar que te quitaron una gran oportunidad de desarrollarte en esa área. Tal vez para tus padres esas actividades eran una pérdida de tiempo y dinero, por lo que difícilmente te habrían inscrito a una escuela de danza o de música, por ejemplo.

Te sugiero sanar, superar esto y buscar oportunidades para echar a andar tus muy buenas ideas, así como para desarrollar la actividad artística y de comunicación que quieras.

Ahora, si en casa apoyaron tu interés en el arte, la creatividad y la comunicación, estarás muy agradecido.

¿Ya empiezas a comprender hacia dónde podrías empezar a voltear, cuáles son las características que determinan lo que te llama la atención, por qué las cosas han girado alrededor de esto?

ELIGE

Para ser responsable de tus decisiones
y sus consecuencias

Mercedes D'Acosta

Vivimos de forma muy apresurada. Nos hemos vuelto prácticos y rutinarios, y nos hemos ido ajustando a los ritmos de vida que se nos han presentado. El cuerpo es una máquina perfecta y se adapta sin que se lo tengamos que pedir.

Esa adaptación es una maravilla, el problema es que no siempre estamos conscientes de que es resultado de múltiples y constantes decisiones que tomamos. Sí, aunque parezca magia, la adaptación es un proceso con consecuencias positivas o negativas a corto, mediano y largo plazo.

Elegimos: tomamos decisiones todo el tiempo. Algunas son conscientes, reflexionamos sobre ellas y pensamos que son lo más importante; otras son inconscientes, imperceptibles, como caminar de una manera u otra, hacer cierto tipo de gestos, usar determinadas palabras, dormir siempre de la misma manera.

Pero, ¿por qué querríamos elegir la manera en que caminamos o dormimos?

Durante cualquier parte del día o la noche estamos decidiendo en qué postura vamos a estar, cómo nos vamos a parar de la cama: si de lado, como una momia que se levanta haciendo una abdominal o girando; cómo nos vamos a agachar y levantar para bañarnos y vestirnos; qué zapatos nos vamos a poner; cómo nos vamos a parar para preparar el desayuno; en qué posición nos vamos a sentar a desayunar; cómo vamos a poner el asiento del coche para manejar; cómo vamos a mantener el equilibrio en el transporte público si nos tocó parados... y eso solo es en las primeras horas del día y en resumen.

Son demasiadas las decisiones que se toman sin pensar, y tal vez nunca reflexionamos que realmente podemos elegir en cada caso. Cada postura que toma nuestro cuerpo y cada elección nos suman (o restan) calidad de vida.

Nuestro cuerpo es una máquina perfecta que se encarga de transmitir impulsos, señales e instrucciones que se generan en el cerebro y se envían a cada una de sus partes. Esto se conoce como sistema nervioso y es la fuente de poder de nuestro cuerpo. El sistema nervioso se divide a su vez en central y periférico. A grandes rasgos, el cerebro, que está dentro del cráneo, le manda impulsos eléctricos a la médula espinal (sistema nervioso central) y de la médula se distribuyen a través del cuerpo por medio de nervios periféricos o raíces nerviosas que forman un «sistema de cableado», el cual se encarga de mandar la información a todos los tejidos del cuerpo (sistema nervioso periférico).

Cada impulso eléctrico tiene un recorrido y una función específica: dar sensación, fuerza y función a la piel, músculos y órganos del cuerpo. Cuando uno de estos impulsos no llega de forma perfecta, el cuerpo también trabaja de manera imperfecta. Pero, ¿por qué no lo notamos? Aquí es donde el cuerpo arranca un proceso de adaptación y reacción inmediata para suplir ese movimiento en el músculo por el movimiento de otros músculos, o bien, si un órgano no está regulando correctamente alguna función, el cuerpo empezará a utilizar un proceso emergente para que pueda seguir funcionando. Es decir, no lo notamos porque el cuerpo usó un mecanismo automatizado para auto-rregularnos. Todos nuestros procesos imperfectos crean al final un sistema perfecto. Qué maravilla, ¿verdad?

Este es el cuerpo con el que nacemos, un cuerpo que se encarga de hacer lo mejor que puede con lo que tiene. Imagí-nate si le pusiéramos atención a esos detalles, a esas imperfec-ciones por donde se nos escapa la calidad de vida que tanto buscamos, imagina cómo nos sentiríamos si corrigiéramos esas incomodidades que mucha gente sufre, a lo largo de la jornada de trabajo o con el paso del tiempo, como si fuera algo esperado y normal. Estamos acostumbrados a confundir lo común con lo normal.

Es común que actualmente haya mucha gente en edad productiva que trabaja en una oficina y siente tensión en hom-bros y cuello. Es común que esa misma gente tenga al me-nos dos veces al mes dolor de cabeza, tensión o dolor en la espalda, molestia en una rodilla al subir escaleras o incomo-didad al dormir, y que presente una falta de descanso. Es co-mún también, entre las personas que pasan más tiempo en su casa, tener algún dolor en la cintura por haber realizado labores de limpieza, movido muebles, cargado niños o juga-do con el perro; o por haberse sentado frente a la computadora o cualquier otra actividad cotidiana. Todo esto sin mencionar cuánta gente se va quejando de problemas de gastritis, colitis, insomnio o falta de descanso, falta de energía, depresión, an-siedad...

Puedo seguir con una lista interminable de síntomas que generalmente se asocian con la edad, el estrés o con dormir «en mala posición porque no acomodó bien la almohada», etc. Efectivamente, esos son síntomas muy comunes, pero eso de ninguna manera los hace normales.

Lo normal es que tu cuerpo funcione de forma efectiva y sin molestias: que en la noche tengas sueño y en la mañana energía, que no haya ningún dolor espontáneo, que no sientas los hombros o la espalda tensos, que tu cuello pueda girar con libertad y sin contracturas musculares ni dolor. Que puedas entrenar, lograr y superar tus metas en el deporte que te gusta y que tengas una vida activa, de buena calidad y bienestar físico hasta el último día.

¿Te sonó demasiado optimista el párrafo anterior? Es una realidad que «lo que no está funcionando bien está funcionando mal», y también que el cuerpo fue diseñado de forma perfecta para funcionar correctamente desde el día que nacemos hasta que morimos. Somos nosotros los que hemos normalizado sentirnos no tan bien (o de plano mal); somos nosotros los que nos hemos conformado con eso al ver que mucha de la gente que nos rodea la pasa igual o peor que nosotros. De pronto se vuelve normal decir: «Ya sé que siempre que es cierre de mes me duele la espalda, el cuello y hasta la cabeza», o: «Ya llegué a los 30 (o 40, 50, 60) y es normal que tenga estas molestias, es la edad». Cuidamos las lesiones en vez de corregirlas. Sin embargo, en lugar de normalizar los síntomas los tenemos que eliminar, y la forma de empezar a hacerlo es tomando conciencia de que en ti está la posibilidad de elegir.

Elegir qué consecuencias quieres tener. Elegir qué quieres hacer para mejorar tu cuerpo y tu calidad de vida, qué quieres quitar o corregir en la manera en que sientes tu cuerpo. Elegir si sigues viviendo adaptándote como puedas, o elegir la mejor forma de sumarle calidad de vida a tus días.

A veces nos confiamos pensando que nuestros dolores no son síntomas inhabilitantes, o que el dolor o la molestia son totalmente soportables. Pensamos: ¿quién tiene tiempo para sentarse a analizar o cambiar hábitos? Vivimos muy deprisa. Nos hemos vuelto una sociedad que busca remedios mágicos;

nos cuesta aceptar que muchas veces eso no existe. Nos resistimos a aceptar esa palabra en la cual no creemos: *prevención*.

Y es que la prevención no solo aplica para la salud, el cuerpo y la calidad de vida: aplica también para jubilaciones, gastos inesperados, trabajo, tráfico y cualquier otra área de la vida. Ponte a pensar en tus dientes un segundo. ¿Te los lavas todos los días? ¿Lo haces para que no se piquen o porque ya se picaron? ¿Te das cuenta de que desde pequeños nos enseñaron hábitos de prevención para cuidar nuestra boca que aplicamos todos los días y ya no lo tenemos que *decidir*?

Un ejemplo extraño: puedes elegir impermeabilizar tu casa o no, no es ilegal si no lo haces. ¿Por qué decides hacerlo? Porque sabemos que no impermeabilizar el techo de una casa nos traerá goteras, humedad y daños, y nos saldrá más cara la reparación que el impermeabilizante, ¿cierto?

¿Por qué llevamos el coche a mantenimiento si no se ha descompuesto? Porque sabemos que el mantenimiento rutinario nos va a evitar fallas. Si se llega a descomponer por falta de servicio no solo te va a salir más caro, sino que va a perder la garantía y la reparación quizá sea impagable.

Ejemplos sobran para demostrar que hay muchas cosas que hacemos cotidianamente, pero que en realidad son elecciones encaminadas a la prevención. Entonces, ¿por qué no elegir qué hábitos quieres tener con tu cuerpo para prevenir lesiones y para tener una mejor calidad de vida?

Ahora vamos a entender cómo deberíamos estar, qué es cómodo, qué es incómodo, qué es normal y qué es común, para estar en el mismo canal y saber, a grandes rasgos, qué podemos realmente modificar.

¿Podemos modificar nuestro cuerpo? ¿Hay maneras de intervenir nuestro sistema nervioso para mejorar la manera en que usamos y sentimos nuestro cuerpo? Podemos empezar por revisar cómo este se cuida naturalmente.

Todo el sistema está protegido por un conjunto de vértebras o piezas «independientes», diseñado para estar en una posición perfecta y así respetar el espacio del canal medular y los agujeros de conjunción, por donde salen las raíces nerviosas.

Cuando alguna de estas piezas pierde la posición exacta para la que fue diseñada (y con esto no me refiero a que esté deforme, sino que esté fuera de la posición para la que fue diseñada) empieza a generarse una irritación local que, cuanto más tiempo está presente, se vuelve más reactiva o acarrea más consecuencias.

Cuando analizamos la forma funcional de la columna vemos varias curvaturas, estas hacen la función de un amortiguador que se adapta a los movimientos e impactos de estar todos los días en una posición erguida.

Revisemos rápidamente esa postura erguida. Si te observaras completamente de perfil, podrías notar la curvatura que tiene el cuello llamada lordosis, la cual permite sostener la cabeza de forma cómoda cuando vemos de frente. Más abajo, a la altura de la zona torácica o espalda alta, hay otra curva llamada xifosis, que genera el espacio de la caja torácica. Por último, la espalda baja o zona lumbar tiene también una lordosis o curvatura hacia adelante, formando una especie de «hundimiento» en la espalda baja.

Si vemos la columna de perfil y dirigimos la mirada hacia el lado izquierdo del cuarto o lugar donde te encuentras, las curvaturas se verían como una doble letra «S».

Las curvaturas se forman gracias a los discos intervertebrales, que son como unos globos gruesos, rellenos con un gel y una canica en el centro. Dependiendo de la posición y movimiento que hagamos, es como el disco o el tejido del disco se va a distribuir, y como consecuencia vamos a ir inclinando las vértebras para tener una curvatura, ya sea sana y natural, o una aprendida que nos ha ido lastimando. Así que de alguna manera nosotros podemos elegir la curvatura, es decir, la postura de nuestro cuerpo.

Pero no solo se trata de elegir y cuidar nuestra postura: así es como nuestro cuerpo debe mantenerse para que los impulsos que vienen del cerebro lleguen de forma perfecta a cada una de sus áreas y que pueda funcionar de la mejor manera.

Como en cualquier proyecto, si queremos ver un cambio necesitamos ser objetivos; analizar las posibilidades reales y estar dispuestos a hacer las cosas en formas diferentes. Todo esto se resume en la fórmula: constancia x tiempo/daños = mejoría.

Es decir, que por más frustrante que parezca, tenemos que partir del punto de que la magia no existe en ninguna modalidad, y menos para ver cambios en nuestro cuerpo y nuestra salud. La buena noticia es que depende de nosotros lograr esos cambios y elegir correctamente para empezar a notarlos.

Empieza por observar. Observa a tu alrededor y nota qué postura se ve «mejor» y qué postura se ve «peor» en los demás. En muchos casos la estética, o la manera en que percibimos las posturas, tiene una relación directa con aquello que es bueno/malo para nosotros. Nota qué posturas no quieres tener y cuáles te gustaría adoptar. Ahora elige una posición basándote en la postura en la que permaneces más tiempo del día (sentado, parado o acostado), y empieza por enfocarte en cómo vas a corregir esa postura. Esto lo conseguirás haciendo diferentes elecciones durante el día y repitiéndolas por lo menos un mes de forma constante y consciente, para que de ahí puedas avanzar a la siguiente postura, hasta completarlas todas. Sí, reconsiderar la manera en la que te sientas, te acuestas o caminas es una elección que puedes hacer para mejorar cómo te sientes y cómo sientes tu cuerpo. Recuerda que aquí la magia no existe, los cambios suceden con nuestros pequeños cambios de todos los días.

Ojo: ninguna de estas posturas solucionará de manera definitiva tus afecciones, pero empezarás a sentir cambios positivos, mejorías. Lo ideal es combinar esto con un tratamiento quiropráctico específico para ti, de manera que estas posturas se estabilicen mejor, sobre todo cuando no han aliviado tus síntomas o te incomodan. Muchas veces no es que no quieras cambiar la postura, sino que el cuerpo no te lo permite. En ese caso te recomiendo que te revise un especialista y vea qué puede estar pasando.

La importancia de visitar a un quiropráctico

El quiropráctico se encarga de revisar la postura específica de las vértebras y su relación con el sistema nervioso. Analiza y corrige los desajustes para evitar las adaptaciones o degeneraciones y, sobre todo, ayuda a que el sistema nervioso trabaje de manera óptima. Es muy importante analizar de forma específica cada caso para poder solucionarlo. No hay casos genéricos que se puedan aplicar a varios cuerpos, aunque los síntomas parezcan los mismos.

Mientras tanto, llevar a la práctica estos nuevos hábitos o cambios mejora la calidad de tu día a día. Date la oportunidad.

¿Y cómo podrías mejorar tu postura antes de ver a un especialista? Voy a darte algunos tips para que puedas tomar mejores decisiones corporales de acuerdo con la postura que quieres corregir: de pie, sentada o acostada. Incluyo también las demás, para que las uses en el orden que más te acomode:

Si elegiste mejorar cómo **sentarte**, primero haz una lista de todos los lugares en donde te sientas en un día normal. Por ejemplo: la silla del comedor, el coche o el asiento del transporte, la silla de la oficina, del lugar donde comes normalmente, el sillón para ver la tele, la cama.

Ahora vamos a aclarar qué es estar bien sentado, y para buscar esa postura ideal vamos a desarrollar mañas favorables, hábitos para compensar si el asiento no está en las mejores condiciones. Porque seamos realistas: no cambiar todos estos lugares, pero sí podemos tener en cuenta todas esas mañas para que un mal asiento no te lastime tanto.

La silla. Trabajes en donde trabajes y tengas la silla que tengas, es importante que la adaptes a tus necesidades. Ni con la silla más ergonómica del mundo podrás mantener una buena postura por más de una hora, porque no depende de la silla, sino de tu columna, y no existe columna que aguante la misma postura durante una hora, así que puedes conseguir un excelente asiento, pero también tendrás que hacer modificaciones en tu postura.

Para comenzar intenta «sacar las pompas» lo más que puedas. Es importante que la espalda alta quede bien recargada en el respaldo. Debes recargar la espalda lo más que se pueda y conseguir la curvatura de la espalda baja con un respaldo. Para esto puede servir desde un suéter hecho bolita, hasta un respaldo profesional o una cuellera inflable que puedas adaptar a tu silla con la curvatura específica para ti. Siempre hay una opción que se adapta a tus posibilidades.

Para mejorar tu postura y cansarte menos puedes colocar un banco o algo sobre lo que puedas apoyar los pies: tus rodillas no deben estar a 90 grados, sino aproximadamente a 100 o 110 grados; un ángulo recto puede estresarlas y causar molestias. Así como tu inquieta espalda, tus pies también buscarán entretenimiento, y si no los guías para tu beneficio van a hacer todo lo que puedan: moverse, enredarse en la silla, cruzar la pierna, cruzarse de forma forzada, estirarse, irse para atrás... Dales un banco para que puedan subir, bajar, cargar el banco, uno arriba, uno abajo; pero sobre todo para mantenerte a una altura que permita que no te resbales ni lastimes tu espalda.

No te limites por cuestiones de reglamento en la oficina o de decoración en la casa; puedes forrar el banco o pintarlo para no perder armonía. Si trabajas en tu casa puedes incluso tener una pelota de pilates y ayudar a tus músculos sentándote un rato sobre la pelota en vez de la silla. Esto además ayuda a tu creatividad, porque estimulas ciertas áreas del cerebro y propicias la circulación sin perder la concentración.

El **sillón**. Este es un lugar que tiende a lastimarnos, aunque tenga la pinta de ser el asiento más cómodo de la casa. No, no te voy a prohibir sentarte en los sillones y disfrutarlos, simplemente te voy a decir cómo modificar el sillón para que no solo sea cómodo sino que también te beneficie. Definitivamente tienes que estar dispuesto a sentarte en posiciones distintas a como quizá te sientas a diario, pero vale la pena.

Es muy importante ver qué tan firme o blando es el sillón del que estamos hablando, y qué tan cómodo te resulta apoyar los pies en el piso teniendo la espalda bien recargada en el respaldo. Es muy común que los sillones tengan muy profunda la parte del asiento, o que por tu altura te quede grande o chico y te cueste trabajo recargar la espalda al mismo tiempo que tienes los pies bien apoyados en el suelo. Si este es el caso, coloca varios cojines atrás de tu espalda para poder tener un soporte y que los pies queden a buena altura; con eso mantienes una postura más relajada para la espalda y no generas tensión.

Definitivamente quieres estar en una posición más relajada mientras estás sentado, y sé que estás por pedirme una alternativa. Bueno, puedes subir los pies a un banco, mesita o superficie, pero no permitas que tu espalda se vaya relajando y quedes medio «resbalado», porque empezarás a tensar la espalda baja y el cuello. Lo natural es que todos caigamos en esa postura, pero cuidar cómo te sientas en el sillón ayudará a que te relajes más y que no te lastimes. Si pones los suficientes cojines no tiene por qué ser incómodo, solo será diferente.

Sin importar en dónde estés sentado, está absolutamente prohibido hacerlo sin respaldo o sin recargar la espalda. Entiendo si lo haces por un rato el fin de semana, pero no puede estar dentro de tus hábitos entre semana, porque siempre que te sientes sin el respaldo o sin recargarte vas a tensar los músculos de la espalda, ellos van a hacer una especie de soporte, pero se van a cansar y vas a sentir que esa zona a la mitad de la espalda incluso arde o quema. Es muy fácil comprobarlo, observa la diferencia entre un día en que no te recargues y otro día en que sí. Naturalmente, deberías sentirte mejor cuando recargues la espalda. Cada caso es diferente, pero la biomecánica de nuestro cuerpo funciona de esa manera, y así podemos compensar malos hábitos o posturas.

Otro consejo: cuando te sientes no te inclines hacia alguno de tus costados; al hacer eso propicias que tu columna adapte esa posición y se desvíe, generando con ello una escoliosis. Puede que en este momento ya tengas «tu lado», un costado en particular en el que te sientes más cómodo recargándote; esto te puede indicar que estás creando un problema o una tendencia. No intentes ahora hacerlo hacia el otro para compensar; intenta estar en posición neutral. Si te vieras de espaldas, tendrías que estar derecho.

En conclusión: queda absolutamente prohibido que te resbales en el sillón y dejes la espalda inclinada o encorvada. Ésta es una de las formas más fáciles de ir lastimando poco a poco la espalda y una terrible forma de lastimar, por ejemplo, el nervio ciático. Puede sonar aburrido o puedes estar en desacuerdo; solo te pido que lo observes y que lo pruebes un mes, y verás cómo cambia la tensión en tu cuello y espalda baja.

Otro punto a notar cuando estás sentado en cualquier superficie es que no debe haber desbalances. Por ejemplo, sentarte sobre la cartera o sobre alguna de las dos piernas hace que tu columna se desvíe o «enchueque». En estos casos tu cuerpo va a adaptar tu postura de acuerdo con los ojos, que van a buscar alinearse con el horizonte por más chueco que esté tu cuerpo, en cuyo caso tu cuerpo va a adoptar la postura que compense ese desnivel y va a ir lastimando o desviando tu columna.

De pie. Una buena postura cuando estás de pie solo depende de ti, y especialmente de las decisiones que conviertas en hábitos.

La de los zapatos es una de las elecciones más importantes del día. Tenemos que elegir el zapato de acuerdo con el día y la jornada que vamos a tener. Es decir, si sabemos que va a ser un día en el que vamos a estar la mayor parte del día de pie o activos (ya sea caminando, subiendo escaleras, moviendo cosas), entonces debemos elegir un zapato con las siguientes características:

En principio tiene que tener un poco de tacón; no puede ser plano. Lo ideal es que tenga mínimo un centímetro de tacón; aunque idealmente deben ser cuatro, así que cualquier altura entre ese rango es buena elección. El zapato ideal para un hombre es un zapato para traje, o unas botas, por ejemplo.

El tacón es importante porque si usas zapatos sin tacón o inclinación, las articulaciones que normalmente harían un sistema de amortiguamiento (tobillo, rodilla, cadera y curvaturas de la espalda baja, espalda alta y cuello) presentan mayor tensión que si tuvieras un poco de tacón. Me explico: ¿Alguna vez has brincado y caído de pie sin doblar las rodillas? Estarás de acuerdo conmigo en que se siente horrible, y de esa caída puedes sentir tensión en otras zonas, como en la espalda o cuello. Esto es porque al caer así, en lugar de distribuir las fuerzas con los amortiguadores que normalmente usarías (las rodillas), lo que hiciste fue caer con demasiado impacto y provocaste un microtraumatismo en todas las articulaciones que normalmente habrían adaptado el movimiento.

Usar un tacón o cualquier calzado con cierta inclinación hará este mismo efecto y ayudará al cuerpo a amortiguar el impacto en cada paso y movimiento que hagas. Claro, me podrás decir que no es lo mismo ir caminando que brincar sin flexionar las rodillas, pero no es la intensidad, sino la cantidad: imagina cuántos pasos y movimientos realizas durante el día. Todo eso se va acumulando hasta generar un cambio positivo o negativo, según sea el caso. Además, con el tacón evitarás cansancio y lesiones en los pies.

Es muy importante que, además del tacón, elijas un zapato que cubra más de la mitad del empeine del pie y no solamente los dedos, o que no tenga tiras muy delgadas si es una sandalia. Si tu zapato no sujeta firmemente el pie, este modifica su posición para intentar sujetarse a él mientras caminas. Esto no solo hace que el pie se canse, sino que deforme la postura natural de los dedos, lo que ocasiona problemas a un plazo no tan largo. Así que elige un zapato que te sujete a ti, y no uno que tu pie tenga que sujetar mientras caminas.

Antes de ponerte el zapato que elegiste, observa dos cosas importantes: si colocas el zapato en una superficie plana, el zapato debe mantenerse derechito, no debe inclinarse hacia ningún costado. Si se inclina, el soporte de ese zapato está vencido, lo cual afecta directamente tu forma de caminar y tu pisada. Esto, en lugar de beneficiarte, te afectará día con día. Otro aspecto importante a considerar es la suela o tapa de los zapatos. Es normal que se desgaste con el uso, pero este desgaste, además de ser parejo, no debe rebasar los 2 milímetros aproximadamente, porque tú provocaste ese desgaste y alteraste la postura original de acuerdo con la maña de tu pisada. Ahora: cada vez que lo usas estás pidiéndole a tu cuerpo que adopte ese hábito, aunque hagas todo para corregirlo. No dudes en cambiar regularmente esas tapas o suelas de los zapatos. Si lo haces como hábito cada determinado tiempo, el zapato se mantiene como nuevo y no pierde su soporte.

Si has experimentado dolor de talones o en la planta del pie, te recomiendo que pruebes con unos zapatos que no taconeen cuando pisas, es decir, unos cuya suela sea de un material más suave que la madera o el plástico rígido (puede ser hule, goma o plástico blandos). Si es un zapato que hace ruido cuando caminas, lo más seguro es que agrave el problema de talones que traes y aumente el dolor.

Si es un día de vestir ropa formal o tienes que usar un zapato específico y no tienes tanta opción para elegir, te recomiendo que lleves contigo un par de zapatos para descansar de los primeros. Así que, aunque sea unas horas al día, intenta usar un zapato que cumpla con las características básicas de soporte y desgaste, y con el que te sientas cómodo.

Uno de los trucos para que el calzado que uses te afecte menos es no usar siempre el mismo. Con esto no me refiero a que tengas muchos zapatos en tu clóset, sino a que, además de cuidar los detalles ya mencionados al elegir qué ponerte, alternes regularmente con otro par. Porque incluso si parecen exactamente iguales, cada zapato (por los materiales con los que está fabricado y por el uso que le damos) va creando ciertas tendencias o mañas. Nota cómo cuando usas tus zapatos favoritos por demasiado tiempo y comienzan a gastarse, también te comienzan a incomodar; o cómo unos zapatos que al principio eran incómodos o te lastimaban en algún área, ceden hasta que se vuelven más cómodos. Todo esto se debe al material con el que están hechos, al uso que les damos día a día y a las adaptaciones o cambios que les hacen nuestros pies al usarlos.

Alternar los zapatos que usas ayuda a no crear una tendencia en tu pisada y forma de caminar.

Si vas a cambiar de zapatos y a empezar a usar un par nuevo, he aquí un par de recomendaciones para hacerles más amenos los días a tus pies y ayudarte a tener una buena postura. Comienza por usarlos como si fuera entrenamiento, póntelos por un par de horas en tu casa y ve aumentando de dos en dos horas hasta que los aguantes el tiempo que dura tu jornada. De esta manera es mucho más fácil que evites lesiones no solo en la piel, sino también esa sensación de pies cansados que queman o que duelen al final del día, señal de lesiones más complicadas. Esto aplica también para zapatos de fiesta, tanto para traje como para vestido, ya que generalmente son distintos a los que usamos a diario. Si son tacones, con mayor razón debes entrenar para usarlos ese día. ¿Cuántas veces te has lastimado los pies después de bailar en una boda?

Los pies también están hechos para adaptarse a nuestras actividades, pero es más fácil que el pie se adapte a cualquier superficie estando descalzo a que se adapte a un mal zapato; este generalmente termina por dañarlo. Observa tus pies; si ves que han cambiado, es importante que empieces a corregir las consecuencias de los malos tratos y a darles la importancia que merecen, ya que son ellos lo que nos sostienen y desplazan, y es en la forma de caminar donde empieza una buena o mala postura. Todos estos consejos ayudan, pero si después de aplicarlos tus pies te siguen molestando, es muy importante que revises tu caso particular y lo corrijas de forma específica para que no se sigan dañando.

La forma correcta para estar parados sin movimiento no es «como soldadito», sino buscando desnivelar uno de los dos pies. Muy probablemente lo has hecho de manera instintiva. ¿Alguna vez has visto que, si hay un escalón, bardita o desnivel, se siente alivio al subir uno de los pies a esa superficie y quedarte con el otro abajo? Ese instinto es correcto, de esta forma distribuimos mejor el peso y la tensión y no generamos tanta irritación. Lo recomendable es alternar los pies por lo menos cada 15 o 20 minutos. Puedes aplicar esto hasta cuando estás lavando los platos y verás cómo se cansa menos la espalda.

Ya sé, ya sé, no siempre hay un desnivel donde subir un pie. Para esto tenemos un plan B; y es que pongas un pie un poco más adelante que el otro a una distancia de entre 20 o 30 cm, ya que esto también genera el efecto positivo del que estamos hablando. Lo único que está prohibido (esto es especialmente para las mujeres, aunque también lo hacen los hombres) es sacar la cadera de lado cuando estamos parados. Es decir, si empujas el cuerpo hacia un lado es fácil que lastimes la cadera (que está a la altura de las famosas «chaparreras») aunque alternes el movimiento.

Otra postura que debemos corregir, ya sea que estemos sentados o parados, es tener la cabeza inclinada hacia abajo por no dejar de mirar el celular. Podemos ver esta mala postura en todos los que nos rodean, que permanecen con la cabeza baja como si estuvieran mirando al piso (en realidad están revisando Facebook).

Te recomiendo tomar conciencia de esto y adoptar una postura planeada para ver el celular, como cruzar el antebrazo sobre la panza y apoyar el codo contrario en ese brazo para que el teléfono no te quede tan abajo. Quizá te niegas a escribir con una sola mano, pero piensa que la mayor parte del tiempo solo estás leyendo o navegando, no escribiendo, y vale la pena intentar esta postura. También, cuando necesites escribir, haz un esfuerzo por subir los brazos y tener la barbilla alineada con el piso, como si vieras al frente de forma relajada.

Leer, dibujar, escribir, tejer o muchas de las actividades que hacemos con las manos mientras estamos sentados también nos hacen agachar la cabeza, lo cual daña la curvatura del cuello, genera tensión, presión en los hombros y en algunos casos hasta dolor de cabeza.

Es común que cuando sostenemos algo con las manos, pese mucho o no, los brazos se cansen muy rápido. Se empiezan a sentir incómodos, como si les faltara fuerza, y cuando los tenemos en alto hasta cambia la circulación (puedes notar cómo se enfrían las manos). Esto pasa porque no es una postura natural para los brazos el mantenerse haciendo algún grado de fuerza, y además flexionados a un poco menos de 90 grados. Por esto los brazos buscarán estar flexionados en ese ángulo y apoyados con los codos en los costados, para poder caer cómodamente y descansar.

Los ojos buscarán la actividad que estamos realizando y el cuerpo va a adoptar la postura correspondiente. Esto hace que nuestro cuello, en lugar de curvarse hacia adelante, vaya rectificando, perdiendo o en muchos casos hasta invirtiendo la curvatura para sentirse cada vez más cómodo, ya que se lo estamos pidiendo con mucha frecuencia. Esto va irritando las articulaciones y tensando los músculos porque están generando un sistema de defensa para resistir la postura que les estás pidiendo hacer día con día. Es decir, en muchos casos esa curvatura se daña más por los hábitos diarios que por los accidentes que has sufrido, aunque, por supuesto, todo contribuye.

Acostado. Es importante observar qué haces normalmente para saber qué puedes ir modificando y elegir, en consecuencia, los mejores hábitos. Sé que mucha gente cree que, como son posiciones que adoptamos dormidos o de forma inconsciente, no las podemos modificar. Pero aquí es donde entran las mañas positivas que te vamos a enseñar para que no solo se trate de dormir, sino de hacer que el tiempo que pasas acostada te beneficie activamente. En muchos de los casos no vas a sentir el esfuerzo de cambiar los malos hábitos, pero sí los beneficios de hacerlo.

Hay detalles que pueden parecer muy obvios, pero que son posturas que generan que los músculos del cuello, espalda alta y baja se vayan tensando. Por ejemplo, ¿acostumbras sentarte en la cama a ver la tele, leer, platicar, checar el celular, usar la computadora o alguna actividad que no sea dormir?

La cama está hecha para dormir, pero generalmente nos acostamos también para descansar y no solo para dormir; por ejemplo, cuando alguien siente cansancio en espalda, piernas, pies, o de plano se siente mal, suele acostarse. ¿Alguna vez has estado cansado y te has recostado en una superficie tan dura como el piso, una barda de piedra o una banca de madera? ¿Estás de acuerdo conmigo en que la primera sensación es de alivio? Cuando estamos en una posición erguida (cuando estamos de pie, pues) cargamos todo el cuerpo sobre la columna; la fuerza de gravedad hace que la columna tenga que tener cierta tensión natural para poder soportar nuestro propio peso y movimientos. Cuando nos acostamos, sin importar la postura o la superficie, la columna deja de cargar el peso. Quizá alguna vez has sentido cierta molestia, dolor o tensión en la espalda baja durante los primeros minutos después de acostarte, esto indica que lo que has estado haciendo en las últimas horas ha irritado ciertas articulaciones y tensado o inflamado ciertos músculos que tendrán que ir cambiando la tensión con un poquito de tiempo mientras te vas relajando. Si esta sensación tarda en irse, o de plano se convierte en dolor, es momento de que un quiropráctico te revise, porque el problema no es la superficie o la última postura, sino que el cuerpo te está avisando que necesita ayuda para corregir lo que está pasando y funcionar a la perfección. Quizá no sea algo grave, considéralo como una señal para que lo atiendas lo antes posible.

Ahora, volvamos al ejemplo de la superficie dura, como el piso, piedra o madera. Cuando el cuerpo se vaya relajando después de un rato, notarás que te empiezan a incomodar puntos específicos, como los hombros o ciertos huesitos, como si te los enterraras; esto es porque va cambiando la relajación del cuerpo. De ahí que no sea tan cómodo dormir en estas superficies. Los colchones distribuyen el peso y ayudan a tu cuerpo a tener un buen descanso. Como consejo adicional, una de las pruebas más comunes en las tiendas de colchones es pedirte que te acuestes y veas qué rico se siente. Recuerda que ya vimos que, aunque sea sobre la superficie más dura, acostarte después de estar parado un rato (por ejemplo, en la tienda buscando colchones) se siente delicioso. Ojo con esa prueba engañosa.

En conclusión, el soporte es totalmente diferente si te sientas en una cama o colchón, y va a hacer que la biomecánica de tu cuerpo funcione de manera distinta que en una silla.

Si agregamos a esto que quizá no tengas un respaldo, entonces tu postura al sentarte en la cama va a ser totalmente equivocada.

El caso más común es sentarte recargado en la cabecera o pared mientras subes los pies a la cama. Esta postura hace que tus pompas se vayan deslizando y cada vez estés más semi-costado. Al hacer esto pones demasiada presión en la pelvis y el sacro, que son los huesitos que sientes en las pompas, y con ello provocas que la espalda baja adopte una curvatura incorrecta y que se lastime. Esta postura también genera mucha tensión a la altura de los hombros y cuello, y puede hacerte sentir presión en la nuca o parte baja de la cabeza. Y esto sin tomar en cuenta que la postura puede ser aún peor si lo que estás haciendo es utilizar la computadora sobre tus piernas, ya que la postura que adopta el cuello para acercarse a la pantalla es similar o comparable a jalar la cabeza hacia adelante y hacia abajo, como simulando el movimiento que haría una tortuga al sacar la cabeza del caparazón.

Paradójicamente la idea de sentarte en la cama para descansar en realidad irrita y tensa las articulaciones. Quizá estás acostumbrado a leer en la cama, pero este hábito genera muchas lesiones a mediano, corto y largo plazo, y nunca sabemos cuántos permisos te va a dar el cuerpo antes de entrar en una crisis que te incapacite o impida moverte.

Elige sentarte en superficies y sillas o sillones que realmente tengan las características para sentarse de manera correcta; esto evitará que sumes daños y tensiones a tu cuerpo, vale la pena.

Cuando te acuestes a dormir, es importantísimo tomar las decisiones correctas, ya que serán varias horas en las que tu cuerpo va a relajarse o tensarse. Lo ideal es que la postura que elijas no solo sea cómoda, sino que haga una especie de *reset* a tu cuerpo para que la mañana siguiente te sientas con energía (con los discos que tenemos en la columna rehidratados y sin tensiones musculares o dolores).

Toma tiempo corregir tu postura al dormir, pero intenta hacerlo por un tiempo. Elige buenas mañas.

Es muy importante tomar conciencia y observar los mismos detalles que ya comentamos para las otras posturas; identifica las curvaturas del cuerpo y cómo hacer para, además de conservarlas, beneficiarlas. Si te vieras desde una toma aérea, podrías ver tu columna derecha si estás acostada boca arriba o con las curvaturas correctas si estás acostada de lado, independientemente de si tus piernas están dobladas o no.

Si te estás preguntando en qué parte explico cómo dormir boca abajo, no busques más, no voy a decirte cómo hacerlo, porque dormir boca abajo siempre te va a perjudicar.

Cuando duermes boca abajo lo primero que vas a tener que buscar es una postura para acomodar la cara; es decir, vas a buscar cómo acomodar el cuello o levantar la cabeza para poder respirar. Esto provoca que mantengas una mala postura por un buen rato y va a ir tensando ciertos músculos, promoviendo que las vértebras se desajusten o se vayan girando, lo cual a su vez lastima y genera una tensión muscular a la altura de hombros y cuello. Para que veas que no exagero, intenta quedarte una hora viendo la tele (o haciendo lo que quieras) con la cabeza de lado; verás cómo el cuello se tensa notablemente.

Otro detalle de dormir boca abajo es que vas a tener que girar los pies (hay quien los cuelga, pero esto sigue afectando las demás articulaciones), por ende, tendrás que girar también las rodillas, cadera y pelvis. Por último, estás acostada sobre el abdomen, donde se encuentran los intestinos, que normalmente tienden a distenderse mientras dormimos. Esta presión sobre ellos a largo plazo puede ir generando problemas en tu digestión.

Recuerda: todas las malas posturas van generando una memoria, un cambio y un daño, y no hay forma de evitarlo si las seguimos repitiendo.

Cómo sí debemos dormir: una de las dos posiciones ideales en las que debemos acostarnos para hacerlo es boca arriba y la otra es de lado. Elige cualquiera de las dos, puedes alternar para ver cuál te es más cómoda. En cualquiera de los dos casos será fundamental la almohada, y aquí van algunos consejos para elegir la correcta y cómo utilizarla.

La almohada debe ser de un material suave, con una funda fresca, e incluir las siguientes características: debe rellenar el espacio o hueco que se va a generar en el cuello en cualquiera de las dos posiciones (boca arriba o de lado). Si no tiene una forma exacta tú se la puedes dar: jala un poco la almohada para rellenar ese espacio y darle soporte al cuello y que la cabeza caiga suavemente en la otra parte. Si sientes que la cabeza quedó muy elevada, vuelve a acomodar la almohada y trata de que no quede tanto relleno bajo tu cuello. El chiste es que si hubiera forma de que te vieras acostado, vieras tu cabeza alineada con el resto de la espalda, ni hacia arriba ni hacia abajo. Si tu cabeza siempre queda inclinada, como si hicieras papada boca arriba, quiere decir que la almohada está muy alta, por lo que es importante quitarle relleno hasta encontrar la altura perfecta. Si está hecha de un material que no se puede modificar, trata de conseguir una almohada a tu medida o una a la que se le pueda modificar la altura con el relleno. Al principio puede ser incómodo hacer este cambio porque no estás acostumbrada, pero intenta hacerlo por varias semanas.

Si ninguna almohada te queda cómoda, o sientes que el colchón te está lastimando y no hay postura en la que descanses, lo más seguro es que sea tu cuerpo el que no se puede adaptar. En este caso es importante que revises tu columna para corregir lo que esté mal y que no siga generando más tensión, molestia o daño. Cuando estás bien, generalmente te puedes adaptar a casi todas las almohadas o colchones; cuando estás mal, pasa lo contrario, todos son incómodos y te lastiman.

Si cuando te acuestas boca arriba sientes tensión en la espalda baja o cuello, puedes probar dos alternativas: dobla las rodillas, apoya los pies sobre la cama y déjalos así, o coloca una almohada debajo de las rodillas para generar esa misma liberación de tensión en las curvaturas. Prueba y elige la que te facilite relajarte.

En muchos casos a la gente no le hace bien dormir boca arriba porque ronca; si ese es tu caso, prueba dormir de lado. De esta forma es más fácil evitar el ronquido; además, cualquiera de las dos posturas te va a beneficiar.

Si elegiste dormir de lado, es importante que, después de revisar la altura de la almohada y su posición, pongas una almohada entre tus piernas para que las rodillas no choquen y estas queden alineadas con el horizonte y no una inclinada. Esto puede resultar incómodo o doloroso, y sí es así te irá lastimando, así que si te sientes cómodo durmiendo sin esta almohada, no te preocupes: lo puedes hacer. Pero si el dormir en esta postura te produce dolor en los hombros o en la cadera, ¡mucho ojo! revisa tu caso, porque lo que te está lastimando es otra cosa.

Ahora ya sabemos lo básico de cómo elegir una buena postura al estar sentados, parados y acostados. Como mencionamos antes, hay que ir probando cada una y analizando las demás. Cuanto más rápido adquieras los buenos hábitos y, sobre todo, cuando logres mantenerlos, más pronto notarás los cambios en tu cuerpo.

Otra de las cosas que podemos cambiar fácilmente es la forma en que nos enderezamos, pues es al hacer esto cuando cometemos los errores más comunes, los que empeoran nuestra postura. A continuación, te voy a dar unos tips para que mejores tu postura, lo que va dar como resultado que tu cuerpo se sienta mejor.

Es muy común que cuando alguien quiere enderezarse, haga los hombros hacia atrás. Al hacer esto, la cabeza se mueve hacia adelante de forma involuntaria, regresa los hombros y se mueve hacia atrás, y así tenemos nuevamente el movimiento de la tortuga en el caparazón. Si repetimos mucho ese gesto, lo que estamos fomentando es que la cabeza quede con una postura de anteversión (hacia delante) que no nos beneficia.

Para enderezarte correctamente recuerda que lo que estamos buscando es que la biomecánica del cuerpo funcione bien; que se respete la armonía entre las curvaturas que el cuerpo tiene para proteger al sistema nervioso y amortiguar nuestros movimientos.

Después, sigue estos pasos:

1. Mete la panza.
2. Saca el pecho.

3. Voltea al frente.
4. Sube los hombros y déjalos caer.

Al hacer esto beneficiamos todas las curvaturas; no importa si al sacar el pecho, echamos los hombros hacia atrás, porque los estamos colocando en una posición neutral al subirlos y dejarlos caer. Al repetir estos pasos no solo te verás mucho más relajado, también vas a ayudar a tu cuerpo a recuperar estas curvaturas en caso de que las esté perdiendo o las haya perdido.

Si al intentar hacer estos pasos sientes incomodidad o dolor, o que tu cuerpo no te deja hacerlos, esa es otra señal para revisar tu caso específico y corregir lo que te impide adoptar una buena postura. Es común que al intentar corregir posturas que ya se han arraigado se sienta molestia o dolor, pues en esos casos el cuerpo opone resistencia. No es nada grave: solo es una señal de que la biomecánica está alterada y el cuerpo se está adaptando a nuevas posturas, lo cual puede requerir ayuda específica.

El cuerpo sabe cómo adaptarse a las situaciones a las que lo exponemos. En la mayoría de las situaciones es capaz de autorregularse sin importar si el tema es de origen químico, físico o emocional.

Cuando se trata de una situación de origen físico (por ejemplo: empezar a hacer ejercicio, una caída, golpe, cierta postura o hasta la incomodidad de un zapato), el cuerpo es capaz de generar inflamación si es necesario, o secretar hormonas placenteras (como las endorfinas o la serotonina al hacer ejercicio), generar ácido láctico, relajar alguna zona o músculo cuando ya no hay riesgo o la lesión ha bajado, sanar una herida cuando nos cortamos y hasta generar dolor para avisar que algo pasa en el cuerpo y requiere buscar ayuda o evitar algún movimiento.

Cuando hay que hacer una regulación de tipo químico, el cuerpo reacciona de la misma forma automatizada, por ejemplo: generando reacciones como el vómito para expulsar algo riesgoso o un alimento tóxico; también nos regula hormonalmente cuando hay que modificar los niveles según el ciclo o al exponernos a algo inusual. Cuando comemos, el cuerpo se encarga de aprovechar y distribuir los nutrientes y de expulsar los sobrantes, así como de nivelar la acidez estomacal y la hidratación del cuerpo, y millones más de reacciones inmediatas.

Cuando el cuerpo está expuesto a situaciones emocionales genera una reacción o adaptación química para regularnos. Esto muchas veces deriva en un cambio físico: nos sentimos presionados y esto genera tensión muscular, falta de sueño, falta de sensación de saciedad o baja de defensas. Los cambios físicos también se vinculan con cambios emocionales: un dolor físico puede causar depresión o una risa puede elevar nuestro sistema de defensas.

Definitivamente, todas las reacciones del cuerpo tienen efectos en diferentes áreas, y aunque los factores físicos, químicos y emocionales parecen independientes, en realidad no lo son. Todos afectan de múltiples formas, y esto puede ser también una ventaja, porque al elegir las posturas y hábitos que queremos día con día, iremos beneficiando diferentes áreas del cuerpo.

Puede ser que nada de esto sea la solución a tu caso en particular, pero al sumar buenos hábitos verás cambios positivos y notarás las áreas en las que debes poner más atención para sentirte mejor. Recuerda que una de las cosas que cada vez más estamos dejando de considerar es la prevención, aunque sea la que más nos beneficia hagamos lo que hagamos.

Una de las realidades del cuerpo (y de la salud) es que, si bien nos protege con reacciones autorregulatorias o automatizadas, solamente entiende el principio acción-reacción y no acepta ningún pretexto o excusa.

No te podías parar porque era una junta de la que dependía tu trabajo, no había nada más que un refresco a la mano y tenías mucha sed o simplemente se te antojó, no podías hacerle a tu suegra la grosería de dejar el pastel, te quedaste sentado trabajando durante horas porque era cierre de mes, tuviste que cargar algo muy pesado porque se le podía caer a un niño, dormiste en el piso porque viajaste o estabas cuidando a alguien en el hospital y no había otra opción, tenías que bajar todas las bolsas de un jalón porque estaba lloviendo y no las podías dejar en la calle o el taxi (y millones de situaciones más). Todo lo anterior es una excepción y tu mente puede entenderlo, el cuerpo no. El cuerpo se adapta a todo lo que le pidamos que haga para sobrevivir y para conservar la vida y la salud.

El cuerpo no sabe de excepciones, pero como no puedes evitarlas, ayúdale adquiriendo hábitos que lo mantengan bien: elige buenas posturas y mañas (positivas) para adaptarte a cada espacio, a pesar de que no sea el ideal. No es lo mismo repetir posturas que te dañen todos los días a que repitas de forma constante buenos hábitos. Así, si una vez utilizas una mala postura o haces algo que no debías, al cuerpo le será mucho más fácil adaptarlo o corregirlo, porque lo habrás reeducado para que funcione como debe.

Todo el tiempo tomamos decisiones, ya sea de forma consciente y calculada, o de forma inconsciente y circunstancial. Cada elección tiene una consecuencia que generalmente va a ser difícil de cambiar; por eso es importante que pensemos bien y decidamos lo que más nos conviene. Todo esto es parte de estar presentes aquí y ahora, salir de esta vida automatizada a la que nos está llevando la tecnología, la falta de tiempo y las múltiples actividades simultáneas que realizamos y que muchas veces creemos que no podemos dejar de hacer.

Elegir es una palabra clave en la vida y no solo para la salud, es volverse responsable de las decisiones que tomamos y asumir las consecuencias que traerán.

En el campo de la salud, y hablando específicamente de dolores o síntomas, hemos empezado a creer y confundir que lo normal es que todos tengamos ciertos achaques o que al llegar a cierta edad (cada vez menor) aparezcan ciertas molestias y nos conformemos con sentirlas porque *es normal*. Culpamos de esto y de muchas cosas más al estrés, y definitivamente es un tema que vivimos todos los días. El problema es que no nos podemos deshacer de él por el tipo ritmo que llevamos. Entonces justificamos los síntomas con nuestro ritmo de vida.

Aunque definitivamente es un factor a considerar, el estrés solo puede atacar los puntos que ya eran débiles. En la vida real el cuerpo está perfectamente diseñado para adaptarse al estrés y a las situaciones que vivimos: ese es el verdadero significado de la salud. Piensa en situaciones extremas, como las guerras: a nivel científico muchas veces no se explica cómo es que hubo personas que se adaptaron a vivir en esas situaciones. Ahí está el cuerpo adaptándose a la situación que vive. El estrés es algo que ayuda a que el cuerpo genere reacciones positivas en su justa proporción.

No creas que te voy a pedir que cambies los niveles de estrés en tu vida, en muchos casos eso no depende de la voluntad. Pero sí puedes ayudarle a tu cuerpo eligiendo cosas que lo beneficien para que se adapte mucho más fácil a la situación que vive en lugar de que detone síntomas y reacciones que deterioren tu salud y cuerpo debido al estrés acumulado.

Elige todo lo que le dé calidad a tu vida. Los buenos hábitos siempre traen resultados positivos y pronto lo notarás.

ATRÉVETE

Después del miedo, ¡está la magia!

Renata Roa

Normalmente, cuando alguien llega a mi oficina para un proceso de consultoría de imagen, yo inicio la conversación preguntándole: «¿Por qué estás aquí?». Es muy común que las personas traten de contestar haciendo otras preguntas que siempre me dan mucha información de lo que esperan del proceso. Una reacción muy frecuente ante mi pregunta es: «¿Por qué no mejor me dices cuándo nos iremos de compras?». Otra es: «Renata, no me preguntes por qué, mejor dime cuándo vas a ir a mi casa a tirar mi ropa». Y otra más: «En realidad estoy aquí porque quiero saber cómo me puedo cortar el pelo».

Si yo estuviera iniciando un proceso así, muy probablemente haría las mismas preguntas. Muchas de ellas están inspiradas en esos maravillosos programas de tele que por un lado han ayudado mucho a difundir mi actividad profesional, pero al mismo tiempo han generado falsas creencias alrededor de todo lo que ocurre en un cambio de imagen.

No niego que esos maravillosos 30 minutos de programa mueven emociones; es más, he sido testigo de la gran transformación que vive la pobre mujer a la que nadie volteaba a ver y se vuelve una glamurosa, seductora y bien vestida mujer protagonista de su vida. Claro que me hacen pensar que es algo sencillo y rápido, aunque muy drástico.

En la vida real las cosas no ocurren así, y yo también lo lamento porque creo que sería increíblemente divertido tener una varita mágica con la que, al son de un movimiento orquestado por una canción pegajosa y algo infantil (al estilo Cenicienta), no solo pudiera cambiar cómo se ve una persona, sino que le consiguiera el carruaje, el chofer y la seguridad para interrumpir un baile real. ¡Eso sí sería poder!

Como entretenimiento definitivamente lo aplaudo, porque claro que algo debe ocurrir en sus vidas detrás de cámaras, y esos cambios pausados deben generar cosas muy lindas. Lo malo es que a los espectadores nos hacen creer que los cambios ocurren de la noche a la mañana, incluidos algunos muy drásticos y sin fecha de caducidad. Lo bueno es que hemos construido otras referencias. En el caso de Cenicienta por lo menos no nos engañaron. Su transformación sí tenía una fecha de caducidad: a la medianoche el hechizo se terminaba y todo regresaba a la normalidad.

Es probable que en algunos de los procesos de cambio que has vivido hayas firmado un contrato que tenía un par de cláusulas (en letra chiquita) en las que explicaban todo lo que este implicaba. Sí, en todos se incluye la cláusula de la disciplina, la constancia, la voluntad, el esfuerzo, y otras cosas más que a veces ni te das cuenta de que están ahí.

Y cuando no logras algo que ya habías imaginado y creado en tu mente, es inevitable que duela. Esa decepción se traduce en dolor emocional y se siente igual que si hubieras lastimado un brazo, una pierna o el estómago. A veces incluso duele más, porque no te dijeron cómo sanarlo o trascenderlo de la mejor manera para no interpretarlo como un fracaso.

Ese dolor penetra en todos lados. Le duele al ego, a la mente, al corazón y, por supuesto, al alma. Es un proceso tremendo, porque además hace que la motivación se pierda al grado de querer tirar la toalla. ¡Abortas la misión para protegerte! A nadie le gusta sufrir, por lo menos no conscientemente.

Pero ahí no acaba todo. Después de que dejas de perseguir ese cambio, probablemente comiences a sentirte culpable por haber desistido; con lo que también se inicia un círculo tremendamente complicado y tóxico. Esa es la razón por la que hay gente que ni siquiera quiere intentar hacer cambios. En primer lugar porque nuestro cerebro prefiere, sobre todo, las recompensas a corto plazo, y en segundo porque busca evitar el dolor a toda costa.

A nuestra mente le cuesta trabajo ver/imaginar un horizonte de vida lejano. Decir «en cinco años lo logro» suena bonito, pero eso para nuestro cerebro significa no poder tocar el beneficio aquí y ahora, y el cerebro goza cuando segrega ciertos químicos cerebrales con las recompensas a corto plazo.

Volvamos entonces a la pregunta con la que abro los procesos de consultoría. La gente llega pensando que lo que desea es cambiar su aspecto exterior, lo cual implica que no se han dado cuenta de lo que van a ser capaces de hacer una vez que inicie el proceso de cambio profundo; puede parecer fácil, pero en realidad requiere de gran valentía y honestidad con uno mismo. Cuando te atreves a hacer las cosas de manera diferente, logras que ocurra la magia aunque el cambio se vea muy sencillo.

El resultado es que de repente sentimos que nuestra piel nos queda apretada y que ya no estamos cómodos en ella. Crecimos de alguna manera, y ahora necesitamos hacer ajustes sutiles o grandes para volver a sentirnos cómodas. Es por esto que yo amo las crisis, pues son las que te avientan al vacío y te dan la oportunidad de comprobar que tus alas funcionan y son tan grandes como tú desees extenderlas. Llegan en los momentos en los que tu alma ya se cansó de esperar a que hicieras algo y, por lo tanto, ¡te empujó para que volaras!

Existen otras circunstancias en que también se producen crisis. Ejemplos de ello son las pérdidas, los despidos y los procesos de duelo; esos no los elegimos, pero los vivimos. Se trata de procesos de crecimiento obligatorio, siempre y cuando los vivas tal y como Gaby Pérez Islas nos enseña a vivirlos. No sabes cuánta gente llega conmigo en estas circunstancias, a la que admiro infinitamente por tener la valentía de querer hacer algo para salir. De ahí parte el verdadero ajuste en su vida, ¡de atreverse a hacer cambios grandes o pequeños para volver a sentirse cómodos en su piel!

Y es por eso que, por más frívolo que pueda parecer mi trabajo, creo que cuando se inicia este proceso con la intención de que la persona conozca y reconozca su esencia, la admire, la respete y la honre para sentirse orgullosa de habitar su propia piel, no es ni poco importante ni mucho menos superficial.

Todo cambio grande o chico requiere mucha valentía; es por eso que, por instinto, estos procesos generan miedo. Pero esta es una emoción de mucha utilidad si le sabemos sacar jugo. Es obvio que lo desconocido generará cierta incertidumbre. Imagínate que estás explorando una cueva oscura para poder usarla de refugio, sabes que estarás más seguro ahí que afuera, sin embargo, tu cuerpo se pone en alerta para reaccionar de inmediato en caso necesario.

Nuestra mente piensa que estamos en ese tipo de expedición cada vez que necesite transitar por una situación nueva, un lugar inexplorado o convivir con un grupo de personas desconocidas. ¡Es natural y necesario sentirlo! Es tu alerta que te advertirá en caso de que tengas que salir corriendo de ahí porque alguien o algo te puede hacer daño.

En pocas y bajas dosis, el miedo es útil. Lo malo es que a veces no sabemos calibrar cuánto necesitamos. Imagina que tu mente no distingue entre verdad o mentira, y cuando le pone *play* a la escena en tu cabeza, la película empieza a correr y, si cree conveniente ponerse atento «por si las dudas», lo hará. Por eso es tan importante hacernos conscientes de las pruebas que le ponemos a la mente, porque vivir en modo alerta cansa muchísimo y es lo que después genera insomnio, ansiedad, fatiga crónica y todo ese abanico de síntomas negativos.

Además de las posibles ojeras y arrugas que te puede generar, el miedo tampoco es el mejor consejero para tomar decisiones. El miedo hace que todo se vea como un peligro y sus respuestas irán desde la reacción inconsciente (que casi siempre es muy incierta), hasta optar por los caminos que ya conoce muy bien, por lo que, si queremos hacer algún cambio, tomarlo en cuenta no nos va a ayudar. En otras palabras, si le hacemos caso vamos a reaccionar a partir de patrones de comportamiento arraigados en el pasado, de nuestras heridas de la infancia abiertas y desangradas, o desde el inconsciente primitivo, lo que no deja espacio para crear una realidad diferente. Por eso, aunque es natural sentir miedo al cambio, debemos pensar que del otro lado está la felicidad, la libertad y el verdadero potencial propio.

Yo lo veo como un círculo de fuego que te rodea y que no te permite ver lo que hay del otro lado. Crees y esperas que exista algo mejor, pero no lo sabrás hasta que te atrevas a cruzarlo. Impone, es tan caliente que nos obliga a alejarnos de las orillas e ir al centro, pero si lo analizas verás cuándo sube o baja la flama, y probablemente lo conozcas hasta el grado de poder cruzarlo.

Atreverse no es lo mismo que no tener miedo. Es más bien conocerlo, entenderlo y buscar las formas de superarlo para poder descubrir las posibilidades que has imaginado y deseas vivir. Y cuando lo logres, el siguiente paso es darte cuenta de que lo lograste. ¡Cruzaste el fuego! ¡Felicidades!

Ahora detengámonos aquí por un momento. Haz una pausa y pregúntate: ¿cómo te hizo sentir tu logro? Entra de nuevo al círculo y vuélvelo a cruzar. ¡Síentelo! Vívelo como si fuera real. ¡Lo hiciste! Ahora, te toca a ti hacerlo. ¡Felicítate! ¿Verdad que es maravilloso el reconocimiento?

El cerebro ama la recompensa. Por eso para él los reconocimientos son como palmaditas en la espalda que interpreta como: ¡Sí puedes! ¡Continúa! Tu mente, nada tonta, dice: «¡Claro, si ya pude cruzar un fuego, seguro puedo con otro y otro y otro!». Y eso es un gran motor para seguir en la aventura de cruzar tus círculos internos.

Por eso cuando te atreves a usar un color diferente, que además te hace lucir más saludable y jovial, probablemente la gente que te rodea se sorprenda y te diga: «Qué bien se te ve ese color», y eso haga que lo utilices de nuevo; ha sucedido un cambio. Hay que entender una cosa: al ego y al cerebro les gusta el aplauso. ¡Les fascina el reconocimiento!

Y no está mal, si lo sabemos administrar y gestionar desde el lugar correcto, es decir, si no es para satisfacer una tremenda necesidad de aplauso externo, sino un incentivo para generar el hábito del autorreconocimiento. Porque en realidad, a la primera y única persona que le debería generar alegría ese ajuste es a uno mismo.

Pero la realidad es que los cambios más importantes no llegan de un momento a otro. ¡A veces no llegan ni en una crisis! Y no son tan visibles como un nuevo corte de cabello, un cambio en el color en los labios o un nuevo corte de ropa. Ellos requieren un poquito más de esfuerzo, constancia y voluntad.

Me refiero a los cambios de actitud, de la forma de interpretar la vida, de las creencias, del comportamiento y de la interacción con los otros. Esos cambios, lamentablemente, tienden a ser más dolorosos para el cerebro porque tratan de hacer algo de una manera completamente diferente al programa que ya corre en automático. Se requiere atención, nuevos caminos neuronales y más energía para lograrlo. Y lo siento, pero el cerebro humano puede llegar a ser muy flojo. ¡Ama la rutina y hacer lo mismo! ¡Ama no pensar!

La forma en que yo lo veo y lo explico es la siguiente. Tienes delante de ti una difícil decisión: elegir el tentador plato que contiene tu postre favorito, hermosamente decorado con un espejo de frutos rojos y unas láminas de chocolate, o un plato blanco con verduras al vapor, blanqueadas, sin sal, que además te obligaban a comer de chiquito (con muchos nutrientes, eso sí). Uno trae recompensas a corto plazo y el otro a largo, ¿cuál crees que va a preferir el cerebro?

¿Verdad que todo es más fácil cuando se entiende al cerebro? Ahora es momento de agregar otro elemento a la ecuación: el corazón. Una fórmula complicada porque es una de las razones más frecuentes por las que no se logran los cambios. Pero ¿cómo? ¿Por qué al agregar el corazón todo se afecta tanto? La razón es que cuando la mente dice «sí, lo quiero» y el corazón dice «mejor no», no sabemos a quién escuchar y esa indecisión nos sale muy cara.

Aterricémoslo a la vida cotidiana. ¿Cuánta gente sabe de todos los beneficios que tiene el ejercicio? Me atrevería a decir que toda, o casi toda. La reputación del ejercicio es buenísima. Ahora, si la gente lo sabe, ¿por qué no lo implementa en su rutina diaria? Tendrán mil razones, pero yo conozco casos cercanos que sabiendo muchísimo del tema, y diciendo «ahora sí lo voy a hacer», no lo hacen. ¿Cuál es la razón por la que no lo hacen?

En esos casos es muy común encontrar que la pelea interna se vive a flor de piel. Se piensa que es importante hacer ese ajuste pero en realidad no se ha decidido, no se está 100% convencido de querer hacerlo. Pensar y sentir no son lo mismo, pero juegan para el mismo equipo. Y sí, a veces pareciera que son contrincantes en la cancha en vez de compañeros y hasta socios. ¡Y ese el problema!

Lo divertido de todo esto es que esta ambivalencia es más común de lo que pensamos. Me atrevería a decir que es una de las grandes causas por las que los cambios no se sostienen en el tiempo. Al haber una pelea en casa, la constancia y disciplina se sienten intimidadas y prefieren huir de ahí. ¿Qué necesidad de escuchar gritos y sombrerazos?

Por eso, cuando realmente deseas hacer un ajuste, lo primero que debes hacer es quererlo de verdad. Suena obvio, pero créeme que he visto cómo el inconsciente nos juega muy malas pasadas, y ahí es donde atreverse toma una dimensión más profunda, porque esos cambios no se ven, pero sí deberían notarse sus resultados.

Ahora bien, se vale decir: ¿por qué debería o querría cambiar? ¡Todo funciona a la perfección! Si es así, ¡felicidades! Pero lo que yo he observado es que siempre hay algún área de mejora en la que podemos implementar nuevas prácticas que nos lleven a una mejor versión de nosotros mismos. El cambio puede ser tan chiquito o tan grande como quieras, pero es un hecho que con la edad vamos perdiendo nuestra capacidad de ser flexibles y hasta de desear serlo. Nos decimos: ¿para qué voy ser flexible y a hacer cambios si así estoy bien?

Por eso mi gran reto es que juntos nos embarquemos en el grandioso viaje de la transformación. Ese que ocurre al implementar acciones nuevas en el día a día y al darnos la oportunidad de hacer las cosas de un nuevo modo, lo que no solo tendrá un impacto en nuestra vida y en nuestros resultados, sino también en nuestro entorno y hasta en nuestras relaciones. ¿Qué mejor motivación para hacerlo?

Ahora, si lo que buscas es que ese ajuste perdure en el tiempo, tienes que definir un propósito que realmente te mueva y que te haga sostener ese deseo y cambio. Cuando no existe ese gran «para qué hago lo que hago», con cualquier distracción volveremos a caer en las viejas rutinas, patrones de pensamiento y de conducta.

El propósito es un grandioso regalo para vivir, podría hablar años y años de él, de su importancia y trascendencia en nuestra existencia, del impacto que tiene en nuestra felicidad; sin embargo, por ahora solo quiero que lo veas desde una perspectiva bastante acotada, pero no por eso menos importante.

El para qué en los procesos de cambio es el tronco que sostiene cualquier rama que pueda dar un nuevo fruto. Cobra una fuerza increíblemente poderosa y, aunque los resultados no se vean, existe ese algo que sabes que sostendrá lo que venga. De hecho, es lo que realmente te mueve, es la gasolina que le metes a tu auto para llegar a donde quieras.

Con este ejemplo, por mundano que parezca, creo que quedará más claro. Todos hemos sido testigos o hasta protagonistas de esta maravillosa historia: Una novia acaba de recibir su anillo de compromiso. Entre preparativos y celebraciones se da cuenta de que está a seis meses del gran día. Desde ese momento su estilo de vida cambia completamente. Entra al gimnasio, va con una nutrióloga, dermatóloga, masajes, faciales, ¡todo! El resultado es que estará hermosa el día de su boda.

La novia tiene clarísimo su para qué. ¡Quiere verse radiante ese día! Y no hay esfuerzo, pequeño o grande, que no valga la pena hacer para lograrlo. Sí, aunque se haya desvelado y solo haya dormido cuatro horas, estará dispuesta a despertarse muy temprano para ir al gimnasio. ¡Hay propósito! Una motivación más grande que la gran y tentadora posibilidad de quedarse treinta minutos más en la cama para descansar.

Ahí radica la importancia de tenerlo tan claro. El propósito nos mantiene y nos da la disciplina, el enfoque y sobre todo la fuerza de voluntad para que sostengamos nuestras acciones aunque la recompensa no vaya a ser inmediata. Nos permite ver a largo plazo e imaginar la vida que soñamos. Eso es un lujo y un privilegio que solo puede vivir el cerebro humano. De hecho, es una de las grandes diferencias que tenemos con las otras especies.

Ahora imagínate un propósito que verdaderamente mueva cada fibra de una persona y que represente para ella su gran motor y el legado que quiere dejar en este mundo. Algo así impulsará a la persona y hará que no se detenga hasta hacer los ajustes necesarios para lograrlo.

Para encontrar tu propósito puedes preguntarte: ¿Para qué estoy aquí? ¿A qué vine a esta vida?, lo que te llevará a encontrar esa gran respuesta que te motivará a luego encontrar el cómo y por último el qué hacer. Esa respuesta requiere mucha sinceridad y un importante proceso de introspección, pero una vez que la encuentres, descubrirás que cruzar fuegos puede ser sencillo. Decirle que no a ese postre delicioso no dolerá y, por supuesto, las desmañanadas valdrán la pena si con ellas vamos a lograr un objetivo. El propósito nos hace vivir con completa convicción y nos da la posibilidad de dejar un legado invaluable.

Empieza por la mente

Bien, quedó claro entonces por qué a veces nos cuesta tanto trabajo hacer ajustes de conducta, que tenemos que entrenar la mente para llevarla a donde deseamos y, sobre todo, que debemos entender para qué queremos hacer eso que tanto deseamos. No solo es «quiero bajar de peso porque sí». Si no tenemos bien claro qué nos motiva a hacer algo, ni siquiera podremos gozar el resultado como es debido. Bajaremos de peso. ¿Y luego? ¿Qué pasó? ¿En realidad sí quería hacerlo? ¿Qué cambió en mí realmente al bajar de peso?

Si tienes resuelta la convicción, la valentía y el propósito, llevas un gran camino recorrido. Pero sigamos adelante para ahora abordar uno de los conceptos más desafiantes: el entrenamiento mental que tenemos que vivir para lograr los cambios reales.

Los primeros budistas del Tíbet, conocidos como kadampas, adoptaron el budismo como filosofía y estilo de vida de una manera muy práctica. En realidad, ellos eran personas sencillas que hacían y vivían de actividades cotidianas como el campo y los animales. No estaban inmersos en un monasterio con meditaciones constantes o aislados de la vida, eran personas comunes y corrientes. Lo increíble es que implementaron sistemas muy sencillos. Buscaron siempre la manera de comprender las conductas para, a partir de eso, tener la gran posibilidad de modificarlas. ¡Justo lo que necesitamos hoy en día!

Por ejemplo, para el mundo budista las impresiones mentales son semillas que siembras en tu mente consciente e inconsciente; las riegas con tus pensamientos, por lo que los resultados que dan son acordes con el tipo de pensamiento con el que las regaste. Estas impresiones son las creencias, los juicios y las opiniones: todo lo que piensas y a lo que le das fuerza a través de la repetición, y que tarde o temprano tiene un efecto visible en tu vida.

Para entender y aterrizar este concepto los budistas decidieron que por cada pensamiento positivo iban a guardar una roca blanca en su bolsillo, que por cada negativo iban a guardar una negra, y que al final del día verían de cuál color tenían más. Descubrieron que, al igual que nos pasa a muchos, la cantidad de piedras negras superaba a las blancas, pero no sabían por qué. Ahora ya podemos saberlo: la respuesta la tiene la neurociencia.

Nuestro cerebro está diseñado para recordar con más fuerza los aspectos negativos porque estos tienen un valor o función de sobrevivencia. Hoy en día, la neuroplasticidad nos regala la posibilidad de modificar nuestro cerebro, porque se ha descubierto que este grandioso órgano es como plastilina, por lo que con disciplina y mucha constancia es posible moldearlo.

Esa es la buena noticia, ¡podemos cambiar! La mala es que no ocurre en 21 días. En realidad toma un poco más de tiempo y requiere que a diario se decida mantener esa transformación. Todos los días hay que elegir pensar bien, sentirnos bien y comprometernos con ese tipo de pensamientos.

Para entenderlo mejor veamos lo que ocurre con nuestro cuerpo cuando lo sometemos a un entrenamiento físico. Después de varias semanas empezamos a ver resultados: los músculos se marcan, se pierde grasa, el cuerpo se fortalece. Pero si por cualquier motivo se deja de hacer ejercicio, lo más probable es que los avances que se hayan logrado se desvanezcan.

Con el entrenamiento de la mente pasa lo mismo. Es necesario hacerlo diariamente y sembrar las semillas de lo que deseas cosechar. Como toda buena práctica de siembra, requiere mucha paciencia, mucho amor y, sobre todo, una gran dosis de constancia. Si se te olvida regarla, probablemente al día cuatro empiece a sufrir las consecuencias. Pero si le cantas, la pones al sol y festejas cada hoja nueva, cada rama que brota, en el momento menos esperado tendrás una planta hermosa y con frutos.

El entrenamiento mental es como una clase de jardinería súper sofisticada. Desde saber cómo y dónde sembrar, hasta desarrollar la confianza suficiente para darle tiempo de que crezca. Si por cualquier razón no se ven los cambios, probablemente es porque las raíces se están expandiendo para tener más cimientos y, así, más posibilidades de ganar altura.

La mejor inversión está en dedicarle tiempo a alguna práctica que te ayude a entrenar tu pensamiento. Para ello existen diferentes técnicas, aquí voy a compartir contigo las que yo he practicado y he comprobado que funcionan.

Escribe. La escritura llega a la conciencia y a partir de ahí puede ir transformando el inconsciente. Cuando escribimos nuestros propósitos, nuestros sueños, nuestro ideal, comenzamos un intenso proceso de construcción. Esta práctica te da la posibilidad de plantar semillas nuevas. Escribir es como meditar en papel. Hazlo la mayor cantidad de veces que puedas, ya que cuanto más lo hagas, más efectivo será tu trabajo.

Respira. Al hacerlo empiezas a poner atención al aquí y ahora. Respirar agudiza tu oído interno, lo que hace que puedas escuchar los diálogos internos que sostienes contigo mismo. Requiere que hagas una pausa para atender lo que tu alma te quiere decir. Al vivir de manera acelerada y con un alto nivel de estrés, nuestra mente no logra enfocarse en hacer los ajustes de conducta que deseamos. Toma conciencia de ello y apodérate del proceso, no te limites a aceptar las cosas que van pasando.

Cuestiona, no creas todo sin más ni más. Mucho de lo que asumimos como nuestro tiene una carga biológica y cultural, pero no necesariamente lo queremos mantener en nuestra vida. No niego que nosotros alimentemos todo eso a través de nuestras experiencias, pero hay que actualizar estos archivos de manera recurrente. Cuestionarnos cuántas de las cosas que hacemos las hacemos por cuenta propia es un ejercicio lindo y revelador. Lo que a mí me funcionó en su momento fue hacer una lista de las palabras que regían mi vida. Una con las de mi papá, otra con las de mi mamá y otra con las mías. Luego las comparé para ver si lo que escribí como mío en realidad lo era o solo lo había adoptado para ser leal a mi sistema familiar. El resultado fue muy significativo, porque en su momento me permitió honrar, agradecer y respetar infinitamente mi legado y a partir de ahí desarrollar mis propias construcciones y vivirlas.

Se necesita mucho valor para atrevernos a cruzar esa barrera que nos impide ir en contra de nuestro piloto automático. Es una gran labor de mucha presencia y, sobre todo, de estar deseosos y abiertos a hacer ajustes de fondo.

Recuerda abrazar tu responsabilidad. No elegir también es elegir. En el caso de la mente, es una de las reglas de oro. Escoge lo que quieres sembrar, elige romper creencias y sé honesto y valiente para romper con los viejos patrones de comportamiento.

Construye un sistema. Lo que más aplaudo de los primeros budistas es la forma tan fácil en que hicieron que les cayera el veinte. Las piedras blancas y negras fueron clave para desarrollar más la conciencia y resolver lo que detectaron que requería solución. Pero construir un sistema no basta para conseguir un profundo cambio de mentalidad. Cualquier cosa que busquemos transformar deberá tener una metodología de cambio para darles cabida a los ajustes reales que hay que hacer.

Cambiar de hábitos implica una constante búsqueda de otros hábitos que sustituyan los que podrían ser nocivos para nuestro avance. Es decir, si ya vi que cuando no duermo bien me despierto muy de malas y eso hace que hasta me pelee con la gente de la oficina y que, a su vez, mi jefe me pida más reportes para mantenerme ocupada, entonces es probable que hablar con mi jefe para decirle que no me parece justo que yo sea la única a la que le piden el reporte ayudaría a corto plazo. Pero ¿en realidad ahí está la solución?

Atrevernos a cambiar implica observarnos y ser capaces de encontrar las causas de algunas cosas que nos desequilibran y no nos dejan avanzar. Por ejemplo: si lograra dormir bien, llegaría muy fresca a la oficina, mis compañeros me percibirían diferente, no tendrían que darme más trabajo para evitar problemas, y entonces podríamos trabajar en equipo en la elaboración de los reportes. Claramente, lo que se tendría que ajustar es la perspectiva.

Parece una labor sencilla pero no lo es, requeriría estar muy atenta y presente para distinguir si esa irritabilidad es causada por la falta de sueño o porque mis compañeros me moles tan constantemente y necesito ponerles un límite. Las preguntas correctas en estos momentos podrían hacer la gran diferencia para tener un diagnóstico claro.

Pero aquí no termina la labor de investigador, porque una vez que hayas detectado las causas, lo que sigue es hacer lo necesario para entender por qué las cosas están sucediendo de esa forma. Por ejemplo, ya entendí que cuando no duermo me pongo muy sensible a los comentarios externos y exploto con facilidad. Ahora, ¿por qué no logro dormir bien?

Puede haber un millón de razones para esto, pero lo que realmente importa que sepas es que a veces la lectura que hacemos de las situaciones resulta muy superficial y no es útil para encontrar una solución de raíz. En eso radica la importancia de tener un buen diagnóstico, pues solo así se puede atacar la verdadera causa. Por eso para desempeñar tu rol de investigador debes llevar una bitácora con las notas que te van a ayudar a encontrar las soluciones para atacar el verdadero problema.

Existen otros cambios que son obvios y para los cuales no necesitamos un procedimiento de diagnóstico tan sofisticado. Por ejemplo, sé que necesito despertarme temprano para hacer ejercicio y que debo cuidar mi alimentación porque es clave para generar verdaderos cambios. ¡Cuidado con esto! Aunque suena lógico que hay que hacer todo eso para llegar a un estado óptimo, yo te recomendaría que comiences poco a poco con los ajustes.

Claro que lograr ese estado de salud y energía es muy motivante, pero recuerda que Roma no se construyó en un día, y si quieres que el hechizo no se termine a medianoche, como le pasó a Cenicienta, tienes que construir un sistema que en verdad funcione para que puedas sostenerlo.

Pero si bien la motivación es un factor muy importante al momento de iniciar algo, solo se trata del chispazo que prende el fuego. Está en ti el hacer lo necesario para mantenerlo encendido, es decir, generar estrategias de mantenimiento hasta lograr construir algo increíble en vez de ir por la vida solo soltando pequeños destellos de luz.

Por ello, de todo el combo sobre el que acabamos de hablar, inicia por lo que creas que vas a lograr con más facilidad. Podría ser levantarte temprano, para lo cual solo requieres poner tu alarma y honrar el compromiso que hiciste contigo para no caer en la tentación de los «cinco minutitos más». Y cuando digo hacer lo más sencillo no le estoy quitando mérito a la acción, pues sé que se requiere una gran disciplina para instalar en tu chip ese nuevo hábito.

Para cumplirlo y comprometerte más en hacerlo busca algún mecanismo que te ayude a recordar y que mida tus avances. Algunas personas toman un bote vacío y por cada día que cumplen su propósito le ponen una pelota, y cuando no lo cumplen la quitan. Además de este mecanismo existen otros: por ejemplo, en una cartulina puedes dibujar una «tabla de avances» o descargar aplicaciones que te ayuden a monitorear tus avances. De nuevo, usa tu creatividad y encuentra la manera en que puedas medir el grado en que estás cumpliendo tu propósito y estás comprometido a hacer los ajustes necesarios.

Cuando hayas adquirido el hábito es probable que ahora te digas: «Ya que me desperté temprano voy a ir al gimnasio, o por lo menos voy a sacar a pasear al perro». Una acción puede desencadenar otras, pero es importante que empieces enfocándote en una sola y vayas poco a poco. Recuerda que si el cerebro ve que algo parece inalcanzable tiende a frustrarse y prefiere abortar la misión, incluso antes de siquiera haber intentado.

Al implementar este sistema te sugiero que incluyas un método de visualización que contenga tu propósito. Me encantaría decirte que basta con pensar las cosas para que ocurran mágicamente, pero no es así. Si bien es cierto que la semilla que sembramos es importante como intención, enfoque y dirección, para verdaderamente ver resultados es fundamental la disciplina y la constancia con que hagamos las cosas.

La visualización funciona, pero no cuando piensas las cosas, sino cuando las sientes. Tu cuerpo se emociona con solo imaginarlo. Hasta tu postura corporal cambia, tu rostro se suaviza. ¡Es magia pura! Por eso todo ajuste de conducta debe incluir la posibilidad de que te lleve a conectar verdaderamente con cualquier cosa que te va a aportar el mayor beneficio y la posibilidad de trascendencia.

Lo que hace esta visualización, en términos de lectura de rostro, es que, al ser una actividad que pertenece al elemento agua —que contiene la posibilidad de imaginar, de crear, de ser introspectivos (lo que se ve en la frente)—, también nos regala la voluntad para hacer lo que queremos (lo que se ve en el mentón).

Cuando el elemento agua no está bien adaptado a las condiciones porque lo hemos utilizado mucho, o de una manera incorrecta, el protagonista del cuento va a ser el miedo en vez de la seguridad para conseguirlo. Cuando estés en el proceso de visualización, evita que tu mirada apunte hacia abajo y que el mentón se dirija al cuello. Es importante que la construcción del sistema que implementes sea integral.

Observa qué pasa cuando estás imaginando el ajuste que quieres hacer. Lo primero que hace una mente no consciente es conectar con *las formas en las que no lo va a lograr*. Pero una vez que te das cuenta, estás en el momento justo para ser creativo y construir muchos planes de acción con los que podrás conseguir lo que te propones. Atreverte a cambiar inicia el proceso del cambio mismo, para lo cual tuvo que haber existido una gran dosis de honestidad.

Un cambio nos saca de nuestra zona de confort, nos lleva a explorar nuevas rutas neuronales que requieren más energía y atención y, por lo mismo, es agotador. No es lo mismo lavarnos los dientes con la mano de siempre (cosa que hacemos en automático) que hacerlo con la mano contraria. Todos tus sentidos estarán atendiendo la acción para no lastimarte. Esta es una de las grandes razones por las que cuesta trabajo cambiar, pero claro que se puede.

Revisa a qué hora del día tienes más energía y estás más dispuesto a hacer algo diferente. En mi caso, he visto que, al tener una rutina de higiene del sueño larga (es decir, todo lo que haces para preparar a tu cerebro antes de ir a la cama), me da mucha flojera preparar el difusor con aceites esenciales. Con mi sistema descubrí que si lo preparo en las mañanas y lo dejo listo, cuando esté a punto de irme a la cama solo voy a tener que prenderlo. Conocer tus mejores horarios y reconocer qué cosas te resultan tediosas a determinada hora puede hacer la diferencia, saberlo te puede ayudar a implementar los cambios que te propones hacer.

Para que lo vivas de una manera más clara, y que verdaderamente puedas implementar un sistema, te dejo una pequeña tabla con el ejemplo del mal humor para que te sirva de referencia:

Diagnóstico	Cambio	Acciones	¿Cuándo?	Medición	Personas a las que les reportaré mi ajuste / Recompensa
No duermo bien y por eso me peleo con la gente que me rodea.	Generar una rutina de higiene de sueño.	• Dejar de tomar café a partir de las 6 de la tarde. • Apagar luces desde las 9 de la noche y dejar lámparas. • Hacer fáciles las rutinas tediosas que me relajan. • Cenar ligero, máximo 8:30 de la noche.	• De domingo a jueves dejar de tomar café a las 6. • Todos los días apagar TV y luces una hora antes de irme a la cama. • Al salir de bañarme, preparar difusor, tender la cama, dejar la pijama lista, algodón y desmaquillante en buró. NOTA: Levantarte cinco minutos antes.	• Dormir siete horas. • Reducción de peleas en la oficina. • Poner un calendario. Si cumplo con mi compromiso pongo una estrellita dorada. Si un día no lo cumplo, cualquiera que ya haya ganado, la cubro con una etiqueta negra. Así valido disciplina y constancia en mi actuar.	Después de cinco estrellitas, regalarme noche de películas con mascarilla en la cara y los pies. (Lo que a su vez ayudará a mi rutina de descanso).

Te toca a ti...

Existen diferentes tiempos. Uno es el ideal para hacer actividades durante el día, pero hay otro que se vincula con el tiempo en tu vida. Aquí también existen mejores momentos que otros para atreverte a hacer cambios. Como has visto, la crisis puede ser una gran oportunidad para lanzarnos al vacío y abrir nuestras alas. Pero no necesariamente tiene que haber una crisis para hacer un cambio, si te llegas a sentir alegre y con mucha energía, da el primer paso.

La trampa de este estado emocional es que es temporal y por ello puede encender un fuego, pero no mantenerlo. Los economistas conductuales, por ejemplo, dicen que la gente no hace lo que dice: hace lo que siente. Han entendido que los seres humanos tomamos decisiones con base en nuestras emociones más que con base en nuestros pensamientos.

Por eso es muy importante aprovechar la emoción como punto de partida. Es decir, si un día amaneces muy de buenas, motivado y con mucha energía, aprovecha para ir a pagar todo el programa de entrenamiento con el que no te habías comprometido; así, cuando no tengas ganas de ir, te pesará haberlo pagado e irás.

Sí, es hacer trampa, pero recuerda que a veces necesitamos saber jugar el juego de la mente para poder sacar el mejor provecho. El cerebro siempre va a preferir la comodidad, la zona de confort, lo que ya conoce y ha hecho. Lo nuevo requiere una dosis de energía extra, pero si queremos hacer un cambio tendremos que aprender a trabajar para lograrlo.

Hacerlo público también ayuda. No me refiero a que lo reportes todo el tiempo en redes sociales. O sí, eso ya está en ti. Puede funcionar porque se ha visto que cuando compartes algún objetivo con personas cercanas, te comprometes con ellas a cumplir la meta. Así que, si ya viste que no puedes solo, busca a alguien a quien le puedas ir reportando tus avances, que genere en ti una presión positiva, que te empuje pero sin estresarte. Será increíble compartir con alguien esos pequeños logros mandando alguna foto, demostrando que estás cumpliendo tu palabra. ¡Verás cómo eso hace la diferencia!

Ahora: cuidado con esas decisiones tomadas bajo el calor de la emoción; por ejemplo, terminar inscrito en el maratón del próximo año por haber estado en una fiesta con amigos que son atletas de alto rendimiento, pues una decisión así puede resultar un salto al vacío. En estos casos tienes dos opciones: buscar algo de qué sostenerte y trepar poco a poco hasta que regreses a dónde estabas o llegues a dónde quieres estar, o de plano asumir la decisión y tomarte muy en serio el compromiso.

Si optas por lo último vas a necesitar encontrar un propósito para hacerlo. Aquí no se vale que contestes que lo haces para no quedar mal, porque eso solo te va a hacer quedar mal contigo misma. Asumirlo implica encontrar la razón por la que desearías hacerlo, y probablemente estés enfrente del mejor de los retos, el que sacará la mejor versión de ti. Pero de nuevo: si lo haces, que sea por las razones correctas.

Las elecciones

En la medicina china tradicional las expectativas son vistas como uno de los más grandes generadores de estrés. Esto se debe a que son construcciones ideales en tu imaginación que te ponen en estado de alerta constante para buscar ese algo que construiste. Esto es agotador para el cerebro, ya que ocupa mucha energía y tiempo buscando esas construcciones ideales en la realidad. Es como activar el modo ¡Atención! en todo nuestro sistema.

A nivel bioquímico, atención y peligro se parecen tanto que el cuerpo segrega sustancias similares en ambos casos. El problema es que esto agota y genera tal debilitamiento a nivel emocional que se nos dificulta ver las cosas como son, de tal manera que, aunque se llegasen a cumplir las expectativas, no podrías verlas ni disfrutarlas como es debido. Y si no se cumplen, tu cerebro lo traduce como dolor emocional. Como puedes ver, tener expectativas sale muy caro. Te cuento esto porque la gente a menudo tiene falsas expectativas al hacer cambios en su vida, el problema es que si no se cumplen pueden provocar que termine por tirar la toalla.

Se dice que la intención es lo que cuenta y así es en muchos sentidos. A través de ella sembramos lo que queremos cosechar. Si al iniciar nuestro jardín pusimos una semilla esperando que la planta únicamente nos dé limones enormes y ramas con pocas espinas, no apreciaremos unas fuertes ramas con espinas un poco más grandes con muchos frutos pequeños y frescos.

Efectivamente, la planta no nos dio los limones que esperábamos, pero si no hubiéramos tenido esas expectativas podríamos disfrutar de la gran belleza que ese nuevo árbol trae a nuestra vida. Por esto es importante que, si decidimos atrevernos a cambiar, lo hagamos con la principal intención de disfrutar del proceso de probarnos día a día que podemos lograrlo; de hacernos mejores amigos del miedo; reconocer nuestros obstáculos y, sobre todo, descubrir lo mucho que pueden gustarnos los árboles de limones pequeños.

Recuerda que nuestra apreciación está determinada por la mezcla de las cosas que vivimos con nuestras ideas de cómo nos gustaría vivirlas. Esto es inevitable y únicamente podemos hacerlo a través del miedo o del amor. Imagínate iniciar una dieta para bajar de peso… «para que mi pareja no me deje». ¡Qué desgastante! Estaré siempre esperando su reconocimiento y que aplauda cada gramo que pierdo. En cambio, si lo hago desde el concepto del amor propio, de entender y saber que cada cosa que ingiero es una muestra de lo mucho que amo a mi cuerpo y, en consecuencia, de lo mucho que me amo, cambiarán completamente la intención y la energía, y estoy segura de que hasta el resultado. Y en este ejemplo en particular sí le podemos echar la culpa directamente al cortisol, porque además se sabe que cuanto más estrés y prisa tengas por adelgazar, menos bajas de peso.

Por eso ¡la intención cuenta! La semilla que plantamos y regamos diariamente hace la diferencia, y cuando elegimos el camino del amor, en el que cada cambio viene desde una convicción amorosa y bien cuidada, no hay manera de que el resultado sea negativo. Desde el inicio estamos gozando el trayecto.

Se cuenta que el sabio Confucio animó a uno de sus discípulos a caminar por un bosque. Mientras el maestro paseaba distraídamente, silbando y observando los árboles y los pájaros con los que se iba cruzando en el camino, su acompañante parecía nervioso e inquieto. No tenía ni idea de a dónde se dirigían. Harto de esperar, finalmente el discípulo rompió el silencio y le preguntó: «¿A dónde vamos, maestro?». Y Confucio, con una amable sonrisa en su rostro, le contestó: «Ya estamos».

Entendamos que los procesos de cambio se vuelven el camino para encontrar una mejor versión de ti. En esto radica la importancia de tener el propósito y además iniciar el camino con total apertura. Con el simple hecho de atreverte ya estás en una ruta distinta. ¡Estás yendo en contra de la naturaleza del cerebro! Estás haciéndote amigo del miedo y con ello estás conquistando ese círculo de fuego que a veces nos da miedo cruzar.

Descubre tu fuerza interna. Valida tu capacidad de construir y habitar la vida que sueñas. Nadie dice que el primer paso será sencillo, pero cuanto más camines todo se te irá facilitando. Es cosa de aprender y dejarte llevar por esas grandiosas posibilidades.

Pero aunque goces del camino recuerda que, por muy consciente que estés del proceso, tu mente siempre va a buscar referencias. Por ello, aunque trabajes la capacidad de dejarte sorprender y estar abierto a lo que venga, no está de más agregar una dosis importante de paciencia.

Paciencia con el proceso, contigo, con los resultados, con los demás. Implica confiar en la vida, ser humildes en los procesos de incertidumbre y agradecidos de que no nos las sabemos todas. En este camino, siempre estamos aprendiendo. Conectar con la gratitud con la total convicción de que, si aún no llegan esos resultados, es porque probablemente estás desarrollando otras habilidades más importantes para tu progreso y propósito de vida.

¿A poco cuando cuidas a tu planta le gritas todos los días para que crezca, le salgan pétalos o dé frutos? Las semillas tienen su tiempo de germinación, de maduración, de crecimiento. No todo el crecimiento se nota a simple vista. Las raíces pueden estar expandiéndose sin ser visibles a tu ojo, de ahí la importancia de cultivar la paciencia. No es un trabajo que podamos ver, pero le da soporte al resto de nuestro crecimiento y evolución.

Nunca dudes en abrazar incluso aquello que tu mente ha llamado fracaso. No dejes que te invadan estos pensamientos recurrentes con etiquetas y juicios fuertes. Recuerda que no llega más lejos quien no fracasa, sino quien lo hizo, se levantó, aprendió, agradeció y continuó caminando. Aprende a hacerlo con estilo y date tus pausas para sobarte, pero no por eso dejes de intentarlo. Abraza estas lecciones y mantente en pie.

Ahora más que nunca es necesario reconfigurar el significado de la palabra *fracaso*. No la pongamos en la lista negra. Más bien asumamos que, aunque no elijamos los caminos correctos para llegar, eso no quiere decir que no llegaremos. Esos tropiezos solo nos invitan a tomar una pausa para sacar el mapa y saber cómo podríamos llegar a dónde queremos.

Por desgracia la mente está más enfocada en el «no», en el error, en los fracasos. Por un tema de sobrevivencia ese tipo de eventos construyen referencias. Pero el reto al momento de saber qué quieres cambiar es ser una coleccionista del «sí», de los peldaños que has subido, de las pequeñas glorias que has conquistado a lo largo del camino.

Aliméntate de historias que te inspiren a conseguir lo que buscas; desde gente que admires por sus logros profesionales, hasta las personas que se vuelven tu guía por lo mucho que disfrutan a su familia y amigos, simplemente, por su forma de disfrutar la vida. Esto te impulsará a abrazar todos tus cambios y a buscar maneras de lograr tus propósitos.

Por cierto, nunca olvides festejar esos avances. ¡Acuérdate de que el cerebro necesita recompensas! Esos apapachos serán toda una fiesta de dopamina para el cerebro, y no tendrás que trabajar arduamente para «merecerlos», ¡siempre los mereces!

Elígete

Una pregunta que las personas me hacen a menudo es: «Renata, ¿por qué siempre me preguntan si estoy enojada?». Mi respuesta, además de toda la explicación de por qué se ha generado ese rostro a partir de un complejo sistema de pensamientos y emociones, incluye otra pregunta: «¿Esto te ha ayudado o te ha limitado? ¿Deseas cambiarlo?». Porque las cosas no son buenas o malas: simplemente son y ayudan a llegar a ciertos objetivos, o no.

Las razones por las que alguien quiere cambiar varían mucho. Habrá personas que desean hacerlo porque ya se dieron cuenta de que no les funciona más esa postura emocional/rasgo de personalidad/sentimiento/pensamiento. Otras, porque simplemente quieren experimentar con nuevas formas. En cualquier caso, el proceso para cambiar implica mucha valentía.

Sin embargo, no se puede decir que se ha alcanzado una meta hasta que la acción que esta implica se sostenga en el tiempo. Cumplir las promesas y los compromisos es clave. Recuerda cómo te sientes cuando alguien te promete algo y no lo cumple. No solo te decepciona: probablemente haga que le dejes de creer. Pues prometer algo te obliga a cumplirlo, sí o sí, para que no pierdas la confianza que tienen en ti. Y si lo ves fríamente, este es uno de los grandes pilares que construyen la autoconfianza y, sobre todo, la autoestima de cualquier persona.

Pero si ni siquiera tú puedes confiar en ti, ¿cómo esperas que los demás lo hagan? Recuerda que nos comunicamos por muchos canales y uno de los más importantes son nuestras acciones. Si te prometiste levantarte para meditar cada mañana y no lo haces, el mensaje es muy poderoso y se queda grabado. ¡Cumple tus promesas!

Elegir implica atreverte a hacer algo por las causas correctas, con el *para qué* adecuado y con la constancia precisa. ¿Te acuerdas de la letra chiquita en el contrato del que te contaba al inicio del capítulo? ¡Bueno! Justo a eso me refiero. Indirectamente, todas esas palabras que mencioné susurran en tu oído: «Me estoy eligiendo. Me amo y por eso haremos este ajuste».

Entremos ahora a un tema delicado, pero sumamente importante cuando comienzas a hacer cambios profundos en tu vida. Que tú hayas hecho un cambio no quiere decir que los demás también lo tienen que hacer. Es muy fácil caer en la provocación de querer cambiar a la gente que nos rodea. Todos hemos estado en esa posición, deseando que alguien sea como lo idealizamos y creyendo que así todo será perfecto.

Detente un momento. Es muy válido y a veces hasta enriquecedor poder ver en otros la gran posibilidad de volverse su mejor versión. Pero es importante que repases una gran ley universal: la vida es individual. Nadie puede pensar ni sentir por ti. Y sí, claro que hay gente a la que le vendría muy bien hacer un cambio, pero de nuevo: eso no depende de ti.

Alguna vez compartieron conmigo una frase que viene a cuento y quiero compartir contigo: «Amar es respetar que el otro sea como quiera ser y no como tú eres o quieres que sea». Creo que la definición de amor tiene muchos más tintes, pero en este acercamiento es vital entender que, si amas a alguien, es justo por ser como es.

¿Puede cambiar? ¡Claro que sí! Si esa persona quiere, el cambio dependerá 100% de ella. Lo que es importante entender es el gran poder que tienes cuando tú haces un cambio; si este saca tu mejor lado y la gente lo percibe, surgirá la pregunta: «¿Qué te hiciste?». Nada más estimulante que el ejemplo. ¡Qué increíble que tu propia experiencia te dé la autoridad de mover a más gente! Porque sí: te la ganas con tu disciplina, constancia, congruencia y propósito de hacer las cosas desde un lugar correcto.

La corrección de carácter viene a través del pensamiento y del sentimiento sostenido por un tiempo. Tratar de cambiar a otros es una transgresión de la ley de la individualidad. Si es tu caso, la lección más importante que hay que rescatar es la del respeto y amor hacia la otra persona.

La respuesta que des podrá inspirar a otros a seguir tu camino, pero no se vale querer hacerlo desde el lugar del ego espiritualizado, en donde ya hasta hablas con cierto tinte de superioridad. Hay que hacerlo con la boca callada, pero con resultados escandalosos. Ese lugar es inspirador y es el que mueve corazones en todos sentidos.

Recuerda que no hay cambios pequeños o grandes, frívolos o profundos. Todos van sumando seguridad para cruzar con más confianza el círculo de fuego. Cuantas más veces lo cruzas, más experta te vuelves en hacerlo. Atrévete a cambiar algo cada día, aunque sea el color de tus uñas, el de los calcetines o simplemente tu expresión facial.

¡Qué gran legado sería que pudieras inspirar a la gente que te rodea a volverse una mejor versión de sí! Estaría increíble que eso formara parte de tu gran *para qué*. Recuerda que un cambio no es hacer más de algo o hacerlo con más fuerza. A veces los cambios rompen las formas para darle espacio a lo nuevo. ¡Atrévete y gózalo!

ELABORA

Para llenarte de sabiduría y empatía

Gaby Pérez Islas

La palabra *elaborar* es un verbo transitivo, se define como preparar una cosa material transformando una o varias materias en sucesivas operaciones, o bien, como idear algo complejo que requiere un proceso intelectual.

Cuando se sufre una pérdida o un descalabro en la vida hay dos posibles caminos a seguir: evadir la situación o elaborarla, algo que se hace paso a paso.

El camino de la evasión solo te lleva a llenarte de basura emocional que buscas en quién depositar a lo largo de tu vida.

Elaborar un duelo, por el contrario, **te llena de sabiduría y empatía**. No es fácil, porque hay que pasar por el dolor, pero puede lograrse si se tiene voluntad y conocimiento. Transitarlo será lo que te devuelva la paz y, eventualmente, la felicidad.

Trabajar una pérdida tiene como finalidad restaurar el equilibrio en tu vida, llorar las ausencias y volver la vista a las presencias. Nadie debe quedarse mirando el espacio vacío por mucho tiempo, ni quedarse contemplando el piso, porque ahí no encontrarán la luz ni la compañía que necesitan. La vida se encarga de volverte a dar lo que requieres para sonreír, siempre y cuando tengas las manos abiertas para recibirlo.

Elaborar un duelo es como escalar una montaña. Al principio puede ser que tengas mucha adrenalina y estés dispuesto a lo que haya que hacer para lograrlo, pero cuando llevas cierto trecho andado, los pies, las piernas y los brazos comienzan a cansarse. La voluntad persiste, pero el equipo del que dispones no parece rendir igual. Llega un momento en que debes escalar rocas con las manos y tú sientes que se te ha acabado la gasolina. Durante el duelo ese combustible guardado son las sensaciones y recuerdos de la persona o la situación amada, pero cuando duele la ausencia parece que la añoranza gana la partida.

Decides seguir, avanzas y de pronto casi llegas a la cima, pero hay un peligro acechándote: se llama la crisis de aniversario, y con ella la mente detona recuerdos tristes y dolorosos, como si todo acabara de ocurrir ayer y no hace un año.

Es increíble con qué nitidez la mente trae a colación detalles, palabras, olores y colores. Vuelven las culpas que parecían resueltas, los *hubiera* y *debí de*. Te tornas en un juez muy severo, no solo con lo ocurrido, sino también con lo que has hecho de tu vida en el tiempo transcurrido desde la partida de tu ser querido.

Si logras vencer la tristeza habrás llegado a la cima, para luego darte cuenta de que tienes que descender con igual cuidado.

Porque el proceso no ha acabado: si te confías, puedes irte de boca en esa bajada tan empinada. Se desciende un día a la vez, pisando fuerte y poniendo mucha filosofía de vida en cada acto y pensamiento. Así habrás de concluir el segundo año de tu duelo y con ello llegará la aceptación. Si lo has hecho bien, la paz y la satisfacción del deber cumplido llenarán tu corazón.

¿Cómo elaborar un duelo?

Duelo viene del latín *dolus*, dolor. Es la respuesta afectiva a la pérdida de alguien o algo. No es sinónimo de enfermedad o locura, es sinónimo de vida. El sustrato del duelo es el dolor. Los duelos duelen, eso no se puede evitar. Son un proceso adaptativo a la nueva circunstancia o situación. Es necesario gestionar todas las emociones que se han generado con la pérdida para poder salir avante y continuar tu nueva vida. Sí, la vida cambia, mas no se acaba.

Ojalá aprendiéramos a respetar los duelos como una reacción existencial. **Respondes a la pérdida con todo lo que eres**.

Vivir un duelo es signo de que estás vivo y tienes una vida emocional.

A veces la sola amenaza de una pérdida genera los mismos sentimientos que la misma pérdida. Todos vivimos en duelo cuando escuchamos tantas noticias terribles y tememos que les pase algo a quienes amamos, por ejemplo. **A veces se sufre más por la idea de la pérdida**, que en sí es suficiente para generar toda la sintomatología del duelo.

Para elaborar correctamente un duelo primero tienes que reconocer que estás en uno. Que la relación se ha terminado, que te han despedido de tu empleo, que tu mudanza es inminente o que tienes que despedirte de alguien que va a morir, por poner algunos ejemplos.

Es muy difícil para un corazón devastado decir «está bien, puedes irte» o «estoy de acuerdo en que mueras». Esas palabras simplemente no pueden salir de tu boca porque decir adiós es de las cosas más difíciles de hacer en la vida. Y, sin embargo, el que va a morir necesita oír que estarás bien. Puedes decirle: «Entiendo lo que está pasando y, aunque estoy muy triste, te prometo que voy a estar bien». Elaborar un duelo es justamente cumplir esa promesa. También puedes decir: «Por favor no te preocupes por mí, puedo ver que ya estás muy cansado y está bien si necesitas soltarte. Te amo y voy a estar bien».

Esto ayudará a que quien debe emprender su viaje lo haga en paz, sin miedo, sabiendo que su gente cercana entiende y está preparada para lo que va a ocurrir. Cuando un viaje termina, otro comienza. Ese es el duelo. Ya que reconociste que estás en un duelo, el segundo paso es llorarlo.

El poder sanador de las lágrimas

Llorar no hace daño; al contrario: a veces debemos fomentar que salgan esas lágrimas con películas o canciones tristes. Así no se te atorarán en la garganta. Un duelo que no se llora puede volverse insano y prolongarse demasiado.

Llorar es una gran catarsis y uno de los mejores remedios para la tristeza. Es duro ver llorar y sufrir a alguien, pero envuelto en ello hay una profunda belleza y un significado que hacen que yo no pueda siquiera pensar en dedicarme a otra cosa. **El trabajo de un tanatólogo es como el de una partera, pero al otro extremo de la vida**.

Llorar nos permite liberar tensión, además de que las lágrimas (que son un antidepresivo natural) aportan apoyo y consuelo. Por eso fomento llorar en compañía y no en la soledad de tu habitación o encerrados en el baño. Hay mucha tristeza en la pérdida y el mecanismo natural de enfriamiento con el que contamos para ello es el llanto.

Una pregunta que me hacen con frecuencia es: «¿Cómo le haces para no llorar en consulta?». No hago nada, simplemente lloro. A veces, y de manera espontánea mientras escucho un relato o acompaño a un paciente terminal, las lágrimas ruedan por mis mejillas. Ya saben que no voy a detenerlas, pues si lo intentara, estaría más preocupada por hacerlo que por escuchar con el corazón lo que la persona que está frente a mí tiene que decir.

En sus palabras encontraré la cura que necesita, lo que puede alentarla a mantenerse de pie. No puedo perder detalle. No me permito un llanto aeróbico que asuste a mis dolientes o los haga sentir que su dolor me ha incomodado; simplemente lo dejo fluir como un río sin dique hasta que para por su cuenta y puedo continuar hablando.

Todos los profesionistas de la salud emocional deberían permitirse unas cuantas lágrimas de vez en cuando, eso no hará dudar a nadie de su estabilidad; al contrario, demostrará que son vulnerables y que sus pacientes les importan. **Proveer buen cuidado a otros depende de saber proveer buen cuidado a nosotros mismos.**

No todas las lágrimas son iguales

Existen tres tipos de lágrimas. Cada una tiene una composición distinta, dependiendo de la función que realiza y de su origen. Las *basales* son principalmente proteicas y permiten mantener los ojos húmedos tras cada parpadeo. Las *reflejas* son desencadenadas por agentes externos, como el humo o el viento; su misión es evitar la irritación. Las últimas, las *emocionales,* son a las que nos referimos cuando decimos que estamos llorando. Contienen elementos neuromoduladores (prolactina, hormonas adrenocorticotrópicas y leucina-encefalina) que funcionan como analgésicos naturales.

Llorar nos ayuda a relajarnos, a liberar emociones y a desahogarnos, pero también nos permite cambiar y reducir una condición subyacente mucho más profunda: los episodios de angustia. Es decir, tienen un efecto directo y participan en el autocuidado de las personas.

Esto se debe a que el llanto activa el sistema nervioso parasimpático (SNP) encargado de mantener o de propiciar relajación y descanso al cuerpo tras un esfuerzo. A su vez, la activación del SNP desencadena una serie de reacciones en nuestro organismo que le permiten estabilizar el nivel de estrés y participar en la regulación metabólica. De esta forma contrarrestamos la activación del sistema nervioso simpático, que es el que nos mantiene alerta y activados.

Llorar también alivia el dolor y mejora el humor y el sueño. Las lágrimas emocionales liberan dos sustancias esenciales para que las personas nos sintamos bien: oxitocina y endorfinas. De esta manera se alivia nuestro malestar tanto físico como emocional, porque este estallido hormonal nos genera una sensación placentera y de profundo bienestar.

A veces después de llorar soltamos una carcajada, mantenemos una sonrisa o sentimos una enorme relajación. ¿Cómo puede ser que hace un momento estuviéramos empapando pañuelos y segundos después haya cambiado nuestro humor? Esto es porque la oxitocina y las endorfinas liberadas contribuyen, a su vez, a mejorar el estado de ánimo. Sus efectos relajantes, su repercusión positiva en el humor y su alivio del dolor pueden contribuir a que las personas concilien mejor el sueño y se queden dormidas más fácilmente.

Las lágrimas nos ayudan a deshacernos de las bacterias. La lisozima, una enzima que está presente en las lágrimas, desempeña una función esencial: actúa de barrera bacteriostática, altera y deshace las paredes de las bacterias. Por lo tanto, a nivel físico supone una manera muy eficaz y natural de combatir estos organismos y mantener nuestros ojos limpios.

Cuando lloramos disminuyen nuestros niveles de manganeso, un mineral muy relacionado con los estados de ansiedad, nerviosismo o agresividad. Y también eliminamos adrenalina y noradrenalina, sustancias que segregamos en cantidades más abundantes ante situaciones de estrés o peligro. Por esta razón nos puede dar sueño después de llorar, pues entramos en un estado de calma muy grande.

El llanto es una llamada a la empatía. Normalmente, cuando alguien ve llorar a una persona cercana, empatiza con ella y le brinda su hombro. Solemos pensar que necesita ayuda, que le ha ocurrido una tragedia, que siente un dolor muy grande o está profundamente afligida. En cualquier caso, su llanto nos atrae. Nuestra empatía y compasión provocan que nos acerquemos hacia nuestro ser querido que está llorando y le brindemos un abrazo o unas palabras. El llanto es capaz de activar las neuronas espejo en otras personas. ¿Cuántas veces se nos ha escapado una lágrima por alguna situación en la que no teníamos nada que ver pero nos sentimos contagiados?

Otro de los beneficios de llorar es que las lágrimas pueden ayudar a obtener consuelo y apoyo de las personas que nos rodean. Esto responde a un comportamiento elemental de apego. De hecho, desde esta perspectiva, llorar es una especie de llamada de atención o una forma de obtener un beneficio social o interpersonal. Como ya mencionamos, el llanto puede suponer una forma de comunicación. Sin embargo, no siempre es necesario ver a alguien en el momento en que está llorando para sentir empatía, ya que esta también se despierta con solo ver que alguien ha llorado. Así pues, llorar nos sirve para comunicar a otra persona nuestro estado emocional.

Llorar ayuda a conocerte mejor. Michael Trimble, el neurólogo conductual conocido por ser uno de los principales expertos del mundo en llanto, asegura que existe toda una «ciencia del llanto». Las lágrimas emocionales son un rasgo exclusivamente humano. La evolución y la cultura moldearon la mente humana para que pudiera expresar sus sentimientos a un nivel superior al resto del reino animal. Las lágrimas emocionales o las provocadas por una experiencia estética no se encuentran en ningún otro ser vivo. Este fue uno de los primeros modos de comunicación del hombre, fue el que usó incluso antes que el lenguaje. No se sabe a ciencia cierta por qué unas personas son más propensas a llorar que otras, pero por lo general se achaca a un rasgo del temperamento llamado emotividad.

Ad Vingerhoets es un psicólogo clínico neerlandés que se enfoca en el estrés y la emoción. Él asegura que la cantidad de veces que una persona llora depende de dos rasgos de personalidad concretos: empatía y neuroticismo.

En cualquier caso, conocerse mejor a uno mismo es uno de los grandes beneficios de llorar. A veces el llanto se considera una muestra de debilidad cuando, en realidad, puede ser un signo de fortaleza emocional.

Las lágrimas dicen mucho de nosotros. Nos permiten saber cuáles son nuestras debilidades o vulnerabilidades, cuándo y cuánto necesitamos de los otros, qué nos afecta más o menos y cuáles son nuestras necesidades. De este modo, al indagar en nosotros, podemos llegar a conocernos mejor, y así esto se convierte en un método de autodescubrimiento personal.

Por todo ello, podemos decir que llorar es bueno para la salud. Al intentar contener las lágrimas impedimos que se produzca esa limpieza emocional que tanto necesitamos. No sientas miedo, temor o vergüenza por expresar lo que llevas dentro.

A una pérdida hay que llorarle lo que haya que llorarle. Lo justo, tú decides cuánto. No midamos el avance de un duelo por un supuesto lagrimómetro en el que si lloramos es que aún estamos mal y si no lloramos es porque lo hemos superado (palabra que no se usa en tanatología, utilizamos mejor el término *aceptado*). Las personas lloramos por emotividad, pero no necesariamente porque tengamos duelos no resueltos.

El siguiente punto importante para elaborar un duelo es confiar en tu cuerpo. Tú tienes lo que se necesita para salir adelante, no lo dudes. Todo duelo puede ser trabajado y aceptado. La mente se ajusta a lo ocurrido y la capacidad de resiliencia desarrollada nos permite enfrentar con entereza lo que nos sucede. Claro que es muy duro y trae consigo mucho desconsuelo y miedo, pero no dudes de que saldrás adelante, especialmente si de verdad quieres salir.

Un duelo no tiene vida propia. Es producto de la percepción desorganizada por el dolor que estás padeciendo. Tú puedes con ese dolor, y si por momentos fuera demasiado para ti, el cuerpo también tiene mecanismos para defenderse de ello, como el desmayo. La realidad supera nuestra capacidad de estar en ella y se desconecta, aunque sea momentáneamente. Hay quienes no llegan a desvanecerse, pero permanecen en estado de shock. Su mente se equipa como un cuarto psiquiátrico para aminorar el impacto de una noticia o evento traumático.

Hemos escuchado tantas veces la llamada «ley de la vida», según la cual un hijo no debería morir antes que sus padres o a las personas buenas no les deberían pasar ciertas cosas, que cuando estas situaciones ocurren nos sentimos engañados por la vida. No existe tal ley.

Lo que pasa en la vida no son premios o castigos, hay que vivir todo como experiencias por enfrentar y no como maldiciones que nos caen del cielo. Un duelo es algo profundamente personal.

Si confías en tu cuerpo caminas, avanzas, das pasos firmes. Eso mismo se requiere en un duelo, la confianza vital en que vas a poder, en que saldrás adelante aunque de momento no sepas cómo ni cuándo. Deja de decir que te vas a volver loco, que no puedes con esto, que es demasiado. Repítete que todo pasa, que es un día a la vez. Que sí pasó, pero que ya pasó. Sobre todo, no sientas que ahora eres vulnerable a que te sucedan todas las desgracias habidas y por haber. **La pérdida**

no abre la puerta de los demonios: te enseña el atajo a las bendiciones.

Olvida lo que te han dicho por décadas, que no estás preparado para el dolor y la pérdida. Tienes lo que se necesita para enfrentarlo.

Tu mente es una parte fundamental de quien eres. Tus pensamientos crean tu realidad, así que si te repites constantemente que no vas a poder con lo que te pasó: concedido. Entrena el músculo de la confianza en ti mismo. Repite ante los demás, ante el espejo y a solas en tu cama, que encontrarás el camino, las ayudas y los medios para volver a sonreír.

Sigmund Freud decía que el duelo es tan natural que incluso se arregla solo. Es cuando se vuelve patológico que necesitas ayuda para moverte de ahí.

El siguiente escalón en la elaboración de un duelo es la toma de decisiones. Tomar al toro por los cuernos, como decimos en México, y enfrentar las cosas. Lo peor que puede pasarle a una familia es volverse una *familia con fantasma*: aquella en la que el muerto, y no los vivos, es quien sigue tomando las decisiones. En esas familias se escuchan diálogos del estilo:

- A tu papá le gustaría que hicieras esto…
- Vamos a seguir todas las indicaciones que dejó tu mamá…
- Aquí nada ha cambiado, la familia va a seguir funcionando igual que antes…
- Así son las tradiciones en esta familia…
- Esta es la manera en que hemos venido haciendo las cosas durante años…

Las cosas cambian para siempre después de una pérdida, pero eso no quiere decir que se acabaron las oportunidades de ser felices, o que todo tenga que ser malo. Tú tienes que empezar a tomar decisiones y regir sobre tu propia vida. La mejor ayuda que tendrás es el equipo espiritual con el que vienes dotado para atravesar el dolor. El ser humano es resiliente porque la vida es una colección de pérdidas desde que nacemos.

¿Con qué asocias la palabra *duelo*? ¿Con desolación, vacío, ausencia? Es hora de romper paradigmas y relacionarla con camino, oportunidad de crecimiento y actitud.

Una de las decisiones más importantes que debes tomar es entender que el duelo es sano y no malo. No tiene por qué ser largo y doloroso. Si algunos no salen de él es por las ganancias secundarias que les trae el estar mal, pero cuando tú te haces consciente de lo que has aprendido a partir de esa pérdida, automáticamente saltas a otro estado. Hay personas que se abrazan del dolor más que del recuerdo de sus seres queridos. Hasta que no te hartes de estar mal, ahí seguirás. **El dolor es un maestro que imparte de manera muy dura sus lecciones.**

A partir de las pérdidas aprendemos, nos edificamos como personas con mayor responsabilidad. *Futureamos* y prevenimos enfermedades, modificamos estilos de vida, hacemos simulacros para saber actuar en casos de emergencia. Desarrollamos solidaridad y llegamos a aceptar la realidad. Los duelos tienen el propósito de encaminarte a la resiliencia, es decir, la capacidad que tiene una persona o grupo de recuperarse frente a la adversidad para seguir proyectando el futuro. Los traumas permiten desarrollar recursos que la persona desconocía que tenía, pero que ya se encontraban latentes en ella.

Cada pérdida conlleva una ganancia lo queramos o no, y como solía decir el maestro Francisco Ciprés en sus clases de espiritualidad: "Pregúntate qué ganaste cuando perdiste, y que perdiste cuando ganaste".

A la vida le basta el espacio de una grieta para renacer.

ERNESTO SÁBATO

❧ RECAPITULA ❧

Se vale corregir el rumbo

Claudia Sánchez M.

Tres segundos de silencio total antecedieron a un cálido, generoso y amoroso aplauso. La conexión con la gente se había dado, la respuesta del público era excelente. Bajé del escenario muy conmovida, pero a la vez satisfecha por los resultados, pues había permitido que el mensaje surgiera desde lo más profundo de mi certeza. La gente se acercaba para saludarme, tomarse fotografías conmigo y me pedían que les firmara una copia de alguno de mis CD de numerología.

Una señora corpulenta y sonriente se acercó a mí y, en un tono fuerte pero amigable, me dijo: «Así que la vida es un espejo, pues lo que decidimos ver es lo que nosotros somos, ¿no es cierto?». Me dio un fuerte abrazo y se retiró, pero lo que me dijo me dejó aún más descuadrada que el mismo abrazo que casi me tronó la espalda.

Esa idea me hizo mucho ruido durante varios días, pues ya había escuchado yo varias versiones al respecto por demás válidas. Por ejemplo: «somos lo que comemos», le escuché decir a un nutriólogo; «somos lo que pensamos», me dijo una vez un gurú. Sin embargo, la idea de ser lo que vemos no terminaba de tener sentido para mí, pues lo que vemos no tiene poder por sí mismo, lo que le da el poder es lo que nos hace sentir cuando miramos. Recuerdo aquella ocasión que llevé a mi niño a la escuela y vimos a una mamá gritar desquiciadamente a su niña. Yo estaba enojada con lo que veía, pero sentí un enojo que seguramente tenía desde que desperté, o sea que si puse ahí mi atención y observé todo eso es porque en mí había enojo: conecté con esa emoción porque yo también la sentía y por eso enfoqué toda mi atención en el regaño.

En ese momento una idea repentina pero poderosa se anidó en mi confusa mente: realmente «somos lo que sentimos». Mi atención reconoce lo que yo estoy sintiendo y se enfoca en encontrar lo mismo fuera de mí, ese es el canal en el que yo estoy y por lo mismo solo puedo sintonizar con cosas similares; por lo tanto, me comporto en sintonía, voy a realizar acciones y de ellas voy a generar mi realidad individual, de la que obviamente van a depender todos mis resultados.

Qué interesante, pensé en voz alta. La cuestión está en aprender a controlar todo este proceso, y para ello necesitamos convertirnos en muy buenos observadores de nosotros mismos, analizar cómo estamos durante el día, qué emoción es la predominante o la que más se repite: miedo, amor, rabia, tristeza, alegría, dolor…

Es importante saber que estas son las emociones básicas que todos manejamos, otros calificativos no son más que apodos que les damos para no enfrentarlas (cariño, enojo, felicidad, nerviosismo, estrés, etcétera).

Cuando logramos comprender todo esto es cuando vale la pena comenzar a cuestionarnos por qué nos la pasamos enojados, miedosos, tristes… Preguntarnos por qué hemos acumulado tal cantidad de esa emoción, tanta que ha cambiado nuestro carácter, nuestra personalidad, nuestra forma de ver la vida y hasta la forma en que tratamos a los demás; es decir, lo que ha generado nuestra realidad actual.

Si somos lo que sentimos, entonces ¿lo que sentimos es realmente lo que queremos ser? Corrijamos la manera en que nos sentimos para iniciar cambios en nuestra manera de ser. Para ello necesitamos encontrar cuáles son esas áreas negativas en las que podemos estar enfocando nuestra atención y que ocasionan un autosabotaje cotidiano. Un saboteador es ese pensamiento, creencia, actitud o acción que va en contra de lo que yo soy y lo que quiero lograr.

En la numerología conductual, el tema en que me he especializado durante años, el mes de nacimiento representa el área a trabajar o a superar; puede que nos cueste trabajo superarlo, así como lograr colocarnos en el polo positivo de ese número.

Así que vamos a revisar los meses de nacimiento desde el punto de vista de la numerología conductual para averiguar de qué pie cojeamos y tener un sólido punto de partida para nuestro desarrollo personal.

Tu fecha de nacimiento, tanto el día como el mes, sugiere ciertos rasgos o características de la persona, pues esos números representan tus recursos internos para salir adelante (encontrarás información detallada en mi siguiente capítulo). Utiliza esa información, esa sabiduría que está en ti.

Pero, antes debo recordarte algo muy importante: **esto es una tendencia y no una sentencia**. Ahora sí, descubre tus recursos y conoce los de los demás. Explora, aprende y comparte.

Si naciste en enero u octubre

Eres una persona a la que le salen bien las cosas, tienes una gran capacidad para ser líder y algunas personas podrían pensar que «te crees mucho», así que ten cuidado porque la soberbia podría apoderarse de ti.

La cuestión es que finalmente eres líder, pero puedes ser un tipo de líder al que las personas evitan por no lidiar con su ego y soberbia. En ocasiones podrías dar la impresión de que crees que lo sabes todo o considerar que nunca te equivocas. Reconocer un error te cuesta horrores y además puedes considerar que las personas son tontas.

Todas estas características pueden frenar tu desarrollo personal y profesional, porque a pesar de que eres muy inteligente y capaz, la convivencia cotidiana contigo cansa a las demás personas. Si se pudiera presentar la oportunidad de un mejor puesto en la empresa donde laboras, corres el peligro de que tu superior elija a una persona igual de capaz que tú, pero más empática.

A nivel personal podría ser que tu familia y amigos «te den la vuelta», es decir, que te eviten, pues no siempre tendrán la paciencia que se necesita para convivir con tu ego.

Una alumna me comentaba que su suegra era del mes de octubre y que en las comidas y reuniones el asiento a su lado siempre estaba vacío, ya que las personas la evitaban debido a sus pesadas conversaciones sobre sus logros, sobre los cuales se dedicaba a hablar aunque nadie le preguntara.

Creo que te puede ayudar mucho comenzar a moverte desde la gratitud y entender que el mundo es un «nosotros» sin dejar de ser «tú», pues en ese momento enalteces a las personas con las que convives todos los días.

Otro de tus saboteadores puede ser tu carácter, tiendes a ser enojón e incluso generar un ambiente muy tenso, porque estás enojado y las personas a tu alrededor no entienden qué originó tu molestia, y el ambiente no se relaja hasta que generas un comentario amable o haces una broma, pero solo hasta entonces.

Este enojo se puede volver un hábito que puedes ir reforzando día con día sin darte cuenta.

Se entiende que esto es parte de tu personalidad y que nadie es perfecto, pero te sugiero hacer conciencia de cuándo te puedes dar el lujo de ser así y cuándo no.

Te recomiendo, también, trabajar en tu interior, es decir, conectar con tus sentimientos y emociones, y con ese aspecto espiritual que todos tenemos para que este eterno enojo disminuya y no sea un obstáculo en tu vida.

Si naciste en febrero o noviembre

Uno de tus grandes temas es la baja autoestima, así que esto es algo con lo que tienes que lidiar y tal vez sea un tema para trabajar durante toda tu vida.

Puede ser que consideres que cualquier persona es mejor que tú, que las personas confían más en ti que tú misma y que las mejores oportunidades de la vida se las dan a personas que se lo merecen más que tú o que de alguna manera tienen más suerte que tú.

Pero debes estar consciente de que si mandas esos mensajes a la vida, esta responderá «okey, anotado, entendido y así será».

Debido a problemas con tu autoestima, podrías estar en situaciones negativas o incómodas por mucho tiempo, considerando que no hay otra opción para ti, sin lanzarte a buscar mejores oportunidades porque no consideras merecerlas.

Incluso podría suceder que buscar algo mejor en tu vida también te dé pena. La respuesta a la pregunta «¿Crees que pueden mejorar las situaciones para ti?» es «No creo merecerlo».

Me da pena pedir _____ (termina esta frase basándote en tus necesidades materiales y emocionales).

Eres una persona sensible y te gusta socializar mucho, estar en compañía te hace sentir muy bien. Las personas son parte importante en tu vida: amigos, vecinos o familiares. Como siempre buscas que los demás estén bien, en ocasiones te cuesta mucho ponerles un límite. Por ejemplo: tu amiga te pide que la acompañes a comprar ropa y, aunque sabes que se tarda mucho y es muy indecisa, y que ir con ella significa que vas a perder todo el día, la acompañas porque no sabes decir que NO. ¿Cómo crees que le vas a decir que no quieres acompañarla?

Te voy a poner otro ejemplo: el de mi amiga Susana, que es del mes de noviembre. Resulta que se quedó sin trabajo y pasó varios meses desempleada, así que su prima le sugirió que la acompañara a la empresa de seguros donde trabaja y se pusiera a vender pólizas como ella, a lo que mi querida Susana accedió. Pasaron varias semanas en las que Susana se dedicó a tomar un curso que necesitaba antes de empezar a vender seguros; en el curso se dio cuenta de que no le gusta ni tantito esta actividad, pero no dijo nada. Sufrió durante dos largos meses antes de atreverse a decirle a su prima que dejaba el curso y que le daba mucha pena, pero que no podía continuar. Susana me confesó que perdió más de lo que pudo ganar en esas semanas, pues tuvo que pagar estacionamientos, comer en la calle y gastar un dinero que necesitaba más que nunca.

¿Te das cuenta de que no saber decir que NO a tiempo te puede generar más problemas y complicarte la vida innecesariamente? Cuidado con tu indecisión, atrévete a decir que no, verás que a veces es lo mejor y nadie se ofende.

Si naciste en marzo o diciembre

Una de las grandes características de tu forma de ser es que te gusta divertirte y pasarla bien, por lo que constantemente vas a buscar oportunidades para convivir con tus amigos, compañeros o familia para divertirte y pasar un rato agradable; por ello, la fiesta ocupa un lugar importante en tu vida.

Quizá seas de las personas que improvisan una reunión en minutos, con una velocidad bárbara; eres un muy buen anfitrión, ya que te gusta que las personas se sientan cómodas y estarás al pendiente de que estén contentas y nada les falte.

¿Cuál podría ser tu saboteador en este caso? El exceso de fiesta y todo lo que esto conlleva. Es posible que por estar en la fiesta te desveles y no llegues a tiempo a ese examen de las siete de la mañana en la universidad o que, si tienes una junta de trabajo importante, llegues desvelado y tal vez con un poco de aliento a alcohol… (¡Ups!, ¿sí lo escribí?). Perdón, pero prefiero ser completamente honesta sobre ciertas situaciones que pueden ayudarte a cambiar. Ya en serio: podrías estar desperdiciando algunas oportunidades profesionales.

Para equilibrar todo y seguir pasándola bien sin arriesgar tus proyectos o relaciones, te sugiero darte cuenta de que tú ya tienes la fiesta por dentro, es decir, que no necesitas de exceso de alcohol o exceso de fiesta. Nadie necesita una fiesta salvaje cada noche, ¿verdad? El punto es darte cuenta de que vivir de fiesta en fiesta puede ser un gran distractor y, por lo mismo, un gran saboteador.

Un amigo que nació en marzo me platicó que vivir con esta actitud hasta los 34 años le costó su empleo y su matrimonio. Se volvió a casar a los 40 años con una mejor actitud, le paró un poco a la fiesta y se dio cuenta de que no era necesaria, que podía equilibrar su diversión, sus amigos, su trabajo y su familia.

Porque no solo te gusta la fiesta, también aprecias mucho las amistades, es algo que te caracteriza, pero los amigos también pueden ser una gran distracción en la vida, sobre todo a la hora de tomar decisiones importantes. Puede ser que hayas terminado escogiendo la escuela a la que fueron tus amigos y no necesariamente la mejor opción académica para ti; preferiste divertirte con ellos y seguir su camino en lugar de divertirte y comenzar el tuyo.

Esto es común, no sientas que has hecho algo mal. Voy a compartir contigo otra anécdota: resulta que una chica que toma mis cursos y que nació en diciembre tenía problemas en su oficina, la situación con su jefa ya estaba complicándose y, en consecuencia, decidieron correr a una de sus compañeras de trabajo que era su gran amiga; por ello mi alumna, en un arranque de amistad sincera para apoyar a su amiga, decidió renunciar también, así que se quedó sin trabajo de a gratis. Poco tiempo después se dio cuenta de que se precipitó al tomar esa decisión; la situación con su jefa era complicada, pero no era para tanto. Se arrepintió a los pocos meses de haber renunciado, cuando la economía empezó a apretar.

Otro de los saboteadores que se pueden presentar con regularidad surge cuando sientes que no te tratan como mereces y consideras que la vida o las personas han sido injustas contigo. Pues ¿qué crees? Aquí es donde puede formarse en ti un gran resentimiento sin darte cuenta de ello, ya que podrías comenzar a juzgar los eventos y las circunstancias a tu alrededor considerando que unas personas son víctimas de otras, como tú lo eres de los demás. Y con esta actitud vives a la defensiva, tomándote todo muy personal.

Aquí podemos identificar a las personas que en un embotellamiento creen que los demás automovilistas solo quieren abusar de ellos, sienten que se les cierran a propósito y con mala voluntad, cuando tal vez los demás conductores no tuvieron otra opción que dar el volantazo. Los tres se lo toman personal y son capaces de bajarse y agredir a otro automovilista, se ponen furiosos arriesgándose a ser detenidos, lastimar a alguien, ser agredidos, perder un diente, retirarse con daños en su auto y quedarse sin él algunos días mientras lo reparan en el taller, más todos los inconvenientes que esto acarrea. Todo esto le pasó a un amigo, de verdad.

Imagina las siguientes situaciones en tu trabajo:

- Mi jefe siempre es muy injusto.
- Siempre que entro a la oficina todos me ven feo.
- A mi compañero le dieron mejor puesto porque es amigo de nuestra jefa.

Esta actitud de víctima injustificada puede cansar a los demás, pues necesitan darte explicaciones de por qué actuaron de alguna manera. Todo esto es para que no tomes a mal la situación, ya que si tu mente y palabras están en esta sintonía de enojo, los resultados serán congruentes con ese estado emocional.

Si naciste en abril

Eres una persona que busca y necesita estabilidad en tu vida, seguridad emocional, sentimental, laboral y económica, y necesitas saber en dónde estás parado.

Déjame platicarte la historia de una amiga de la escuela que es de abril. Ella siempre me comenta que, si va a dar un paso o tomar una decisión es porque está segura de que alguien del otro lado ya la está esperando con la mano extendida para recibirla.

Esta posible inseguridad te lleva a querer controlarlo todo en busca de seguridad. Pues ¿qué crees? No todo va a estar seguro: todo cambia, todo está en continuo movimiento y evolución. Nada es para siempre.

Te voy a platicar desde mi experiencia: yo soy del mes de abril y cuando me ha tocado mudarme de casa he entrado en pánico, igual que cuando tenía que hacer cambios en mi forma de trabajar porque ya la vida me los estaba marcando. He tenido la suerte de hacerme consciente de mi «bonito cuatro» (así les digo yo a los números que los meses ocupan en el año) y también he tenido la suerte de tener un gran socio (mi esposo) que me apoya para realizar los cambios, me ayuda a tener más confianza en mí.

Creo que, más que una necesidad de control, en el fondo lo que sientes es miedo y por eso no terminas de tomar una decisión firme: por miedo no pides un aumento de sueldo, por miedo no te atreves a buscar un reto más grande y por miedo no te arriesgas a explorar nuevas posibilidades.

Eres una persona que necesita seguridad, pero si comienzas a hacer lo que te corresponde de la manera más eficaz posible y dejas que el resto fluya, confiando en que las situaciones se te presentarán de la mejor manera, te sentirás mejor y no estarás paralizada sin poder decidir ni actuar.

Nacer en el mes cuatro nos hace un poquito «cuadrados»: creemos que nuestra forma de pensar y de ver la vida es la «correcta» y pensamos que siempre tenemos la razón. Por esto que no estamos abiertos a ver otras opciones, a escuchar con atención otra perspectiva ni a aprender una mejor forma de hacer las cosas.

Así es, yo nací en abril, y también me costó trabajo aceptar que no siempre tengo la razón. Cuando mi marido, que también es mi socio, me planteó hacer cursos en línea, mi respuesta fue un rotundo NO. Cuando me propuso sacar mi app de numerología mi respuesta fue NO y cada vez que yo le digo que no, él solo sonríe y su respuesta es: «Piénsalo y lo platicamos en una semana». Yo lo pienso, me voy abriendo a la posibilidad poco a poco y al final casi siempre digo que sí.

Posiblemente también a ti te pase que, cada vez que te sugieren hacer algo que rompa tu estructura ya probada, tu primera respuesta sea NO.

Así que te sugiero que te preguntes qué es lo qué estás dejando de aprender, qué podrías estar dejando de mejorar.

Empieza ya a decir sí: sí aprendo, sí mejoro, sí escucho, sí avanzo, sí evoluciono.

Si naciste en mayo

Si naciste en este mes, eres una persona a la que le encanta la buena vida, te agrada la comodidad, darte ciertos lujos, vestir bien, tener todo lo que te agrada, así que haces todo lo que consideras necesario para bien vivir. Una de las grandes características en tu forma de ser es el agrado por adquirir, por comprar, o sea, tener poder de adquisición.

Comer en un buen restaurante donde el servicio al cliente tiene que ser de primera clase, invertir tiempo y dinero en unas buenas vacaciones o viajar, simplemente viajar y conocer, consentirte, podrían ser algunas de tus necesidades básicas.

Todo esto está muy bien. Deseo que te puedas dar todos esos lujos y disfrutar la vida como a ti te gusta, pero siempre debes mantener un equilibrio entre esos placeres y tu solvencia económica, de manera que no te excedas y tus necesidades de lujos no afecten otras áreas de tu vida.

Ahora mismo recuerdo la anécdota de una chica que llegó a mi consultorio buscando un estudio individual. Nació en mayo y su actividad profesional se desarrollaba entonces en el área de logística de tiendas departamentales de prestigio, donde podía comprar cosas con muy buen descuento por ser empleada de la cadena. En dos años compró y compró cosas hasta que todas sus tarjetas llegaron a su límite de crédito y tuvo que tomar la decisión de regresar a vivir con sus padres para poder pagarlas, pues prácticamente todo su sueldo se iba en el pago de las mensualidades y ya no podía ni pagar la renta del departamento donde vivía. Lo peor de todo fue que nunca se dio cuenta en qué momento se enredó tanto económicamente, solo sucedió: un día estaba ahogada en deudas. Durante nuestra primera plática me comentó que si veía una blusa que le encantaba la pedía en todos los colores disponibles; si unos zapatos le gustaban, los compraba en todas las versiones existentes. Así eran sus compras.

Quizá digas que tú has hecho lo mismo, que no ves nada malo en ello porque puedes permitirte esos gastos, pero tomemos un momento para reconocer los riesgos que corre alguien que derrocha desmesuradamente. Quien nace en el mes *cinco* puede llegar a tener rasgos de comprador compulsivo. Para evitar esto y no caer en situaciones como la de la chica de las tarjetas, te sugiero preguntarte lo siguiente: «¿Cuánto afectan a mi economía esos gastos a veces innecesarios? ¿Han tenido consecuencias en mis relaciones personales? ¿Realmente necesito gastar de esa manera o podría reducir un poco el despilfarro y cuidar otros aspectos de mi vida?».

Es importante que busques equilibrar esta forma de actuar, que no pierdas de vista cuál es tu presupuesto mensual y antes de comprar algo pienses muy bien si no te vas a salir de él. Como en todo, lo que buscamos aquí es el punto de equilibrio.

También eres una persona a la que le gusta comunicarse, disfrutas de una buena conversación y tu plática suele ser muy agradable para los demás. Te puedo imaginar perfectamente platicando horas con tu familia, con tu comunidad, disfrutando tardes enteras con un buen café y una plática deliciosa.

Disfrutas tanto las charlas que en ocasiones te sumerges en ellas, no pones filtro a lo que dices y tocas temas o compartes ideas de los que enseguida te arrepientes y te preguntas: «¿Esto lo dije o lo pensé? ¡Ups!» La mayoría de las veces sí lo dijiste y tal vez no con las mejores palabras, y quizá tampoco en el mejor momento, lo cual te puede generar malentendidos con tu familia, amistades, vecinos, compañeros de la oficina, etc. Cuántas veces pudiste haber fracturado una relación por no controlar lo que dices ni cómo lo dices.

Si me lo permites, te puedo aconsejar que no te precipites antes de comunicarte, que te detengas a pensar dos veces lo que quieres decir, definiendo muy bien las palabras, la forma, el lugar y el momento. Esto puede ayudarte especialmente en conversaciones sobre temas delicados.

Puedes cometer una indiscreción sin darte cuenta u opinar sobre el asunto de algún amigo que a ti no te pareció demasiado personal o delicado en ese momento. Piensa un momento antes de opinar, piensa un momento antes de gastar. Verás que te ahorrarás problemas y los demás se sentirán cómodos contigo y les inspirarás confianza.

Si naciste en junio

Eres una persona con mucha calidad humana, y esto te hace tener vínculos familiares muy fuertes. Nunca dejes de disfrutar a tus seres queridos, apapáchalos, consiéntelos y diles todo lo que sientes. Este es tu mayor poder, pero no olvides que todo poder tiene implícita una debilidad: a veces puedes descuidar tus proyectos personales por dedicarles demasiado tiempo a los demás. A veces se vuelve complicado para ti dedicarte tiempo, ya que piensas que si lo haces estás siendo egoísta, pero no; para que los demás puedan disfrutar de ti y tú de ellos, debes estar bien contigo y siempre buscar un equilibrio entre el tiempo que dedicas a los demás y el que dedicas a ti mismo.

Solemos pensar que no ayudar a la familia está mal, que los demás nos juzgarán mal si no lo hacemos, pero no debes sentirte presionado por esos juicios, ya que eso te puede traer problemas. Como le sucedió a una mujer que visitó mi consultorio hace poco: después de explicarle las características de haber nacido en el sexto mes del año, me comentó que durante su matrimonio ella y su esposo decidieron cursar una maestría en sus respectivas especialidades. Todo inició bien: ambos estudiaban y trabajaban, su esposo incluso ascendió de puesto, pero esto implicó un aumento en su carga de trabajo y se le empezó a dificultar seguir con la maestría, así que ella decidió dejar la suya para poder apoyarlo. La joven mujer se dedicó a estudiar con su esposo, hacía las investigaciones y escribía los trabajos para que él pudiera presentarlos en la maestría. Al poco tiempo también a ella le ofrecieron un ascenso, pero la oferta no se concretó porque no había concluido la maestría que había iniciado. El puesto lo ocupó una de sus compañeras que recién había obtenido ese grado.

¿Ves a dónde me dirijo con esto? Claro que debemos apoyar cuando nuestra familia lo necesita, pero en la justa medida y durante un tiempo razonable, sin hacer a un lado nuestras propias metas.

¿Por qué digo que debemos ayudar durante un tiempo razonable? Porque otra característica de tu personalidad podría ser la de postergar. Sin darte cuenta, tú puedes ser la persona que posterga cosas que son importantes para ti y para los demás, la de al «ratito le llamo», «luego lo hago», «mañana lo busco», «la próxima semana te lo envío», etcétera.

Si no te encuentras motivado para cumplir una meta enorme, quizá postergues el alcanzarla avanzando a pasos pequeños, quizá aplaces durante meses o años la decisión de cambiarte de empleo por uno que te apasione, cambiarte de casa por una más cómoda, pedir un aumento, retomar estudios, etcétera.

Te puedes estancar por años en la misma empresa con poco sueldo porque te adaptas a él. Pero pon atención: tú tienes la capacidad para alcanzar grandes metas, cuentas con todo para realizarlas. Lo tuyo no es un tema de aptitud, sino de actitud.

En una ocasión, una alumna que nació en junio me comentó que era vendedora y en la empresa ya le habían ofrecido en dos ocasiones la gerencia de su área, pero ella la había rechazado porque si lo hubiera aceptado, habría ganado más dinero pero habría muchas más responsabilidades; además, los gerentes de ventas siempre se iban muy tarde de la oficina y ella quería llegar a atender a sus hijas y apoyarlas en las tareas. Puede sonar como que desperdició la oportunidad, pero no es así: siendo vendedora podía aumentar sus ingresos aumentando sus ventas durante su horario, y podía seguir llegando a tiempo para acompañar a su familia. Ella no decidió eso porque quería permanecer en su zona de confort, tampoco sacrificó su tiempo para ganar más dinero, simplemente tenía muy claras sus prioridades.

Te sugiero observar cuáles son las acciones concretas que realizas día a día para alcanzar tus metas y tener muy claro cuáles son las que realmente quieres cumplir. No olvides que esto depende de ti, de nadie más.

Si naciste en julio

Eres una persona que tiende a comunicarse poco y a buscar el mejor momento, la mejor oportunidad, para hacerlo, pero en ocasiones ni siquiera buscas realmente esa oportunidad, piensas demasiado antes de atreverte a hablar y a veces decides mejor no hacerlo.

Disfrutas estar en silencio y en ti es completamente normal, pero siempre habrá personas a tu alrededor a las que les costará entender o aceptar tu forma de ser, se preocuparán por ti y pensarán que tu silencio se debe a que estás enojado o triste. Pero tú *disfrutas* estar en silencio porque esto te ayuda a estar en contacto contigo mismo.

Pero qué pasa con el exceso de silencio, ¿existe? Sí, a veces debemos ser menos reservados y comunicarnos más. Disfrutas el silencio, pero, como todo en esta vida, en exceso puede ser nocivo, ya que la falta de comunicación da lugar a malentendidos, omisiones y malinterpretaciones que se pueden convertir en un obstáculo para lograr tus metas.

Otra característica de las personas que nacen en este mes es el ser un poco frías a nivel emocional, con dificultades para expresar sus sentimientos y emociones; digamos que suelen ser más lógicas que emocionales. Si es tu caso intenta trabajar en ello, habla con las personas a tu alrededor. Tú ya las has escuchado, ahora déjales saber lo que tú piensas y sientes. La comunicación es necesaria en todos los ámbitos de nuestra vida, tanto que, si no nos comunicamos con los demás, nos complicamos la existencia sin quererlo.

Una ocasión, durante una sesión para su estudio numerológico, mi querido amigo El Flaco, que nació en el mes de julio, me comentó que después de dieciséis años en su trabajo le dieron la dirección de una de las principales áreas de la empresa que pertenecía al gobierno, que se puso feliz con el ascenso y que sentía que la justicia había llegado a su vida. Las primeras semanas se sintió muy a gusto en este nuevo puesto, pero después de unos meses empezó a sentirse incómodo, ya que en la práctica se dio cuenta de que sus actividades este eran más políticas que estratégicas, lo más importante era asistir a reuniones, desayunos, comidas, etcétera, y a veces tenía que socializar con personas que no eran de su agrado. Si tú eres del mes siete, imagina lo difícil que debe ser mantener un trabajo así.

No sufras lo mismo que mi amigo El Flaco: reconoce los momentos en los que debes comunicarte con los demás, pero no te expongas, no te coloques en una posición incómoda y ve poco a poco. Esto no solo es aplicable a los escenarios laborales, a nivel personal pasa lo mismo, tu familia y amistades necesitan que expreses un poco más tus opiniones, tus metas y sentimientos. De esta manera tendrás relaciones interpersonales exitosas y armónicas sin dejar de ser tú, respetando tus momentos sagrados de silencio, equilibrando siempre tu comunicación.

Otra característica que podrías notar en tu personalidad es cierta tendencia a la melancolía, ¿te pasa que de pronto te sientes profundamente triste y no sabes por qué? Esto podría ser parte de tu forma de ser, de hecho, en ocasiones la fuente de la melancolía es el silencio.

Como te digo, esto es parte de ti y no es ni bueno o malo, ni positivo o negativo, siempre y cuando la melancolía o la tristeza no sean excesivas, por lo que te sugiero no apapacharlas ni ponerles demasiada atención; de lo contrario podrían llevarte a la depresión. Si sientes que la necesitas busca ayuda profesional, nunca está de más.

Si llegas al extremo de sentir que no puedes enfocar tu atención en las cosas más importantes de tu vida y ves todo con una actitud pesimista, te sugiero considerar algún tipo de psicoterapia. De verdad, es importante y puede ayudarte muchísimo.

No sientas pena por eso. Todos los seres humanos en algún momento de nuestra vida necesitamos apoyo, alguien que nos escuche y ayude a equilibrar nuestras emociones, pues esto no es algo que aprendamos en la escuela o en nuestra casa. En lo personal he estado en varias ocasiones en psicoterapia y me ha ayudado mucho.

Dejar atrás un problema emocional y regular nuestro estado de ánimo puede ayudarnos a seguir persiguiendo nuestras metas y a alcanzarlas. Es muy común que la gente deprimida suspenda sus proyectos de vida, pero hacerlo tiene consecuencias en muchos aspectos. Por eso es importante que, si reconoces que te está pasando algo parecido, acudas con un profesional para que te apoye y pronto puedas retomar tus metas. ¿Cuántas veces este estado depresivo te ha impedido llegar a una meta?

Hace algunos años, mientras impartía un curso, un hombre de 38 años que nació en julio nos comentó que a lo largo de su vida había pasado por dos episodios depresivos importantes: uno comenzó cuando tenía 20 años y su novia lo dejó, lo que le provocó una fuerte depresión que duró más de un año; el otro comenzó cuando, años después, lo despidieron de su trabajo después de 21 años de laborar ahí, pero en esta ocasión decidió someterse a psicoterapia para superar la depresión y esta le ayudó a reconocer que, aunque el despido en apariencia era lo peor que le podía pasar, en realidad no lo era porque le permitió trabajar emocionalmente para salir adelante y buscar nuevos objetivos hasta alcanzarlos.

Si naciste en agosto

Las personas nacidas en agosto son muy trabajadoras, les apasiona lo que hacen y siempre están buscando la forma de mejorar en el ámbito laboral. Les gusta cumplir los objetivos que se proponen y se esfuerzan por cumplirlos de la mejor manera. Hay quienes incluso buscan sobrepasarlos; por lo tanto, el eje principal de estas personas puede llegar a ser el éxito profesional.

Si tú naciste en agosto, seguramente esto te suena familiar, así que vale la pena mencionar que estar tan involucrado en el trabajo puede implicar un poco de descuido en otras áreas de tu vida. Veamos un ejemplo a ver si te parece familiar: tal vez no eres tú, pero conoces a alguien así.

El esposo de una alumna de mis cursos de numerología nació en agosto. Un día vinieron a verme los dos para hacerse un estudio numerológico de pareja, pues ella quería entender por qué su esposo «ya no la quería» y por qué había perdido el interés en la relación. Me comentó que estaba cansada de que la vida de su esposo girara alrededor de su trabajo, pues eso significaba que no sentía amor por ella ni por sus hijos.

Cuando comenzamos a analizar la fecha de nacimiento de su esposo y a explicar las características del número ocho y el mes del año que lo representa, agosto, ella empezó a sonreír; se le iluminó la cara, pues se dio cuenta de que el interés de su esposo por su trabajo no necesariamente significaba desinterés en ella ni en sus hijos, solo era parte de su personalidad, y como lo dije antes: esto no es bueno ni malo, solo es.

Ella comprendió que había tomado las cosas de manera muy personal, así que le sugerí al señor que a partir de entonces dedicara más tiempo a disfrutar a su esposa e hijos y que no desatendiera las necesidades emocionales de sus seres queridos.

Él me escuchó atento y me comentó que no se había dado cuenta de lo que estaba pasando, que creía estar haciendo lo correcto, pero reconsideró las cosas a partir de lo que le dije y se comprometió a escuchar con más atención y a equilibrar el tiempo que dedicaba a su trabajo con el que dedicaba a su familia. ¿Lo ves? En ocasiones solo necesitamos comprender cómo somos para reforzar las conductas que nos funcionan y modificar las que no.

Otro de los grandes saboteadores para el número **ocho** puede ser la intolerancia, pues les impide escuchar o entender aspectos que les podrían ayudar a comprender mejor las situaciones. Mi sugerencia es que no solo cultiven el hábito de la tolerancia, sino también el de la paciencia, que es «la ciencia de la paz».

Si naciste en septiembre

Este mes te da características muy interesantes, ya que tiendes a estar en movimiento todo el tiempo. Eres una persona inquieta y no paras de hacer cosas.

¿Tus amistades y familiares te preguntan constantemente en qué andas? Tal vez te guste hacer muchas cosas, aprender y explorar, pero debes hacerlo de manera responsable, porque si andas en todo, se te va a complicar comprender a las personas que no se mueven igual que tú y podrías pasar por alto varios aspectos importantes.

Cecilia es de septiembre y es inquieta, llegó a consulta porque quería saber por qué estaba dejando a medias todos sus proyectos: dejó a la mitad un curso de francés, uno de italiano, uno de tejido, uno de nutrición y uno de joyería. En ocasiones se sentía muy mal por no tener el tiempo para regresar y concluir todos esos cursos, pero notaba que en la oficina también dejaba proyectos a la mitad y solo los retomaba cuando ya estaba encima la fecha límite de entrega, y todo este círculo vicioso le causaba estrés y culpa. Le expliqué que ese estado de inquietud es parte de su naturaleza y no es ni positivo ni negativo. Le sugerí que enlistar sus proyectos en orden de importancia y trabajar de acuerdo con esa lista, le ayudaría a superar este obstáculo. Si tú eres de septiembre y reconoces este rasgo en tu personalidad, te sugiero que estés atento a tu agenda personal, a los tiempos de entrega de tu trabajo y, sobre todo, a cuidar los detalles de todo lo que has decidido concluir, disfrutar el proceso y darte cuenta de que no pasa nada si suspendes algunos proyectos para terminar los que más te interesan. De eso se trata, de encontrar equilibrio entre tus inquietudes y tus metas.

Sé constante con lo trascendental en tu vida, cuida los aspectos importantes. Por ejemplo, si tu médico te dice que debes mejorar tu alimentación para evitar problemas de salud, comienza por hacer lo que te pide. Antes que tomar cursos debes cuidar tu salud.

¿Pero qué es lo que realmente pasa? ¿Por qué eres así? La razón de tu inquietud y creatividad es que necesitas reinventarte, y esa necesidad de renovarte te puede conducir a crear y conquistar metas muy interesantes.

Otro aspecto que las personas regidas por el número nueve también deben cuidar es el temperamento, ya que pueden llegar a decir o hacer cosas en el momento y lugar menos indicados.

En los nacidos en este mes esa forma de ser es normal y dejarse llevar por su temperamento podría traerles problemas en sus relaciones interpersonales, pero también podría jugar a su favor. Ese temperamento, canalizado de una manera positiva, podría impulsarlos a alcanzar sus objetivos. La historia de Oli es un ejemplo.

Oli es una mujer de 48 años que acudió a mi estudio de numerología para una consulta. Es de septiembre y me comentó que toda la vida ha tenido problemas por su carácter, pero también ha sufrido porque cuando explota se siente muy mal y culpable. Le costó mucho aceptar que necesitaba cambiar pero finalmente entendió que debía aprender a controlar su temperamento, cosa que intentó con libros de autoayuda y viendo a un especialista. Después de varias sesiones de psicoterapia y un trabajo interno importante logró mejorar: las explosiones de malhumor no desaparecieron por completo, pero aprendió a controlarlas y ahora vive en paz y armonía.

Para finalizar este capítulo, recuerda que esto solo es una herramienta para conocerte mejor. Observa tu manera de ser, revisa los números que te rigen y lee también los demás porque nunca sabes dónde puedes encontrar una respuesta a tus preguntas. Y si quieres profundizar en el tema, ven a consulta.

REESCRIBE

Edita tu historia y transforma tus resultados

Renata Roa

Reuniones, llamadas telefónicas, encuentros fortuitos, *small talks* (conversaciones cortas y simples, como de elevador): toda interacción humana cuenta y construye historias. Desde cómo has sentido el clima o cómo te fue en el trayecto de un lugar a otro, hasta cosas más trascendentales que tocan, mueven o transforman vidas. Somos y necesitamos historias para relacionarnos. Generan vínculos y conexiones porque traen implícita una emoción, y sin emoción no hay conexión.

Desde que naces traes un programa precargado que rige todo, cuerpo, emociones, reacciones y el lenguaje que materializa y expone todo lo anterior. Ese programa influye de manera muy poderosa en las decisiones que tomamos. El contexto, es decir, el lugar en el que creciste, así como la familia, la sociedad y cultura en las que te desenvuelves, delimitan y marcan de manera inconsciente la forma en que ves e interpretas las cosas. Es tremendo, porque es un programa que corre en automático.

Antes de continuar me encantaría que activaras tu oído interno para que identifiques todo eso que te ha nutrido y desarrolles este hermoso hábito para que cobre fuerza y sentido en tu vida.

¿Listo? Escribe lo primero que se te venga a la mente después de leer la oración que viene más abajo. Trata de desarrollar un párrafo con, por lo menos, seis oraciones. No lo pienses mucho. No busques pretextos, no caigas en los viejos hábitos de pensar solo en lo que es políticamente correcto. Este ejercicio es para ti, y cuanto más sincero seas en lo que escribas, mejores resultados tendrás.

Mi infancia fue...

_____

_____

_____

_____

_____

_____

- ¿Qué ocurrió después de escribirlo?
- ¿Qué pasa ahora que lo recuerdas?
- ¿Activó algo en ti?

En realidad lo poderoso de la memoria es que, como no distingue entre la verdad o la mentira, hace que tu cuerpo responda a los recuerdos segregando las sustancias bioquímicas como si los estuvieras viviendo, y ahí viene lo interesante. Para el cuerpo no existe lo políticamente correcto. Es lo que es, una consecuencia de cosas que veremos un poco más adelante.

Dicen que la práctica hace al maestro, pero en realidad no es así. Primero tendrías que aprender la práctica perfecta para volverte experto, porque qué logra alguien que hace algo de manera equivocada durante años: ¿una maestría, un hábito o una maña?

¿Cuántas cosas has aprendido a hacer de manera empírica, sin preguntarte si es o no la forma correcta de hacerlo?

Eso pasa con la narrativa. Como siempre escuchas historias de todo tipo, en todos lados vas aprendiendo a construirlas. Luego llega tu turno: interactúas socialmente y te toca aplicar esto que tantas veces escuchaste. Lo haces una y otra vez hasta que llega un momento en que se vuelve automático. Forma parte de lo que haces sin pensar.

El ser humano es increíblemente complejo y por ello muy interesante. El dicho de «cada persona es un mundo» es una realidad, porque estamos constantemente filtrando la vida por las cuatro diferentes capas que se enlistan enseguida. La capa:

1. de la biología
2. de la cultura
3. del lenguaje
4. de la historia personal

Los primeros dos factores no dependen de nosotros. Uno lo traemos integrado y el otro lo vamos construyendo de manera inconsciente e intravenosa. Tienen tal impacto en nuestra toma de decisiones que las investigaciones que se han hecho alrededor del mundo de las ventas y los procesos neurológicos (lo que se conoce como *neuroventas*) plantean que tu opinión al momento de comprar no importa. Es decir, lo que dices que piensas no es lo más valioso cuando decides comprar cierto producto o servicio.

La influencia más fuerte, porque es inconsciente y nos mueve de una manera muy poderosa, es la primera: la biología, que junto con la cultura nos programa en automático para pensar e interpretar la vida de cierta forma y normalizar ciertas definiciones. De ahí que algunos países no vean mal unas cosas y otros sí, lo cual depende de sus sistemas de creencias.

La biología vincula el funcionamiento del cerebro con nuestro género, estado de salud y todo lo que involucre nuestro funcionamiento fisiológico. Es importante entender cómo funciona el cerebro para tener herramientas y trucos con los que podamos «engañarlo» para hacer los ajustes necesarios. No es lo mismo el cerebro de un hombre que el de una mujer. Todo cuenta en esta grandiosa programación que tenemos y que debemos actualizar conforme vamos evolucionando en la conciencia.

Entender cómo procesamos la información, cómo guardamos los recuerdos, cómo los filtramos y cómo, a partir de ahí, interpretamos la vida, sí o sí está contenido en esta parte. Aunque pueda sonar tedioso, si no entiendes cómo funciona algo, será imposible arreglarlo. Y sí, la biología es tan poderosa que tiende a ganar. Su agenda está en los instintos de sobrevivencia. La tuya está en la plenitud y en la realización. ¡Hay que darle la vuelta!

En cuanto a la segunda capa, la cultura: ¡qué impacto tiene esta en nosotros! Aquí creo que no tengo que profundizar tanto, pero es interesante que observes qué tipo de creencias has abrazado como realidad y cuáles de ellas te funcionan en este momento. Qué tipo de limitaciones te has puesto porque «así se acostumbra aquí» y, sobre todo, cuáles te conviene eliminar para desarrollar tu potencial al máximo.

Cada cultura es un mundo. Y no hay que irnos a China, Estados Unidos o Vietnam para decirlo. Tu vecina de Monterrey, su esposo de Tabasco o tu prima de la Ciudad de México: cada quien tiene sus usos y costumbres, es decir, formas muy distintas de ver e interpretar la vida.

Yo entendí esto hasta que, conviviendo con diferentes culturas, me di cuenta de las grandes diferencias que existen en las narrativas sobre las que se sostienen. Las culturas inglesa e irlandesa, en particular, me llamaron mucho la atención porque cada vez que se sientan a la mesa, interactúan en un *pub* (bar local o cantina) o simplemente cruzan palabras en la calle, conversan como si estuvieran en un concurso para ver quién cuenta la historia más divertida, por lo que el ridículo y el humor son ingredientes clave en la conversación; incluso es válido que se rían de sí mismos si con ello pueden mejorar la historia. Esto simplemente me intrigó, porque en mi contexto, es decir, en el entorno psicocultural en el que me he desenvuelto, pasa lo contrario. En mi realidad, la narrativa se enfoca más al drama y al victimismo, las historias tienen un aire de queja y a menudo las personas compiten para ver quién cuenta la historia más trágica, la más compleja; compiten para ver quién está más enfermo y puede juntar la mayor cantidad de efectos musicales en violines, notas tristes y tonos grises.

Incluso me atrevería a decir que se nos dificulta hablar de lo bien que nos sentimos, o de las cosas lindas que nos están ocurriendo. No podemos hacerlo porque hablar de que todo está bien en nuestras vidas se interpreta como soberbia. Si lo haces la gente te ve como presumido y arrogante, cuando podrías ser un gran motor de inspiración para otros o un detonante de alegría en las personas a las que verdaderamente les da gusto el éxito ajeno. Para quien las cuenta, estas historias son una gran confirmación del *yo soy*. ¡Qué gran regalo!

Esta es mí *cultura*, así de simple, no hay una mejor que otra, lo interesante es ver y entender qué elementos de la programación de las personas de una cultura diferente a la tuya puedes agregar a tu programación para modificarla y alimentar tu cerebro con bienestar. Recuerda que es solo un filtro de los lentes con los que vemos la vida, por lo que podemos entintarlos, cambiarlos y hacer lo necesario para evolucionar a algo que tenga consecuencias positivas en nuestra vida.

Después de revisar la biología y la cultura —que no dependen de nosotros—, llega la tercera capa: el lenguaje, que tendemos a subestimar porque, total, sirve para comunicarnos entre nosotros y ya. ¿Seguro? En realidad el lenguaje no es nada simple. Nos construye constantemente. Materializa nuestro mundo mental. Es decir: el lenguaje es el chismoso que les cuenta a los demás cómo estamos pensando. Puede ser tremendamente sanador o violento en extremo.

Lo que dices es la conclusión de lo que pasa en tu mente de manera consciente o inconsciente. Por eso ninguna oración o palabra sale porque sí, todas traen una compleja historia detrás. Lo interesante de esta capa es que se ha comprobado que tiene el poder para transformar nuestras redes neuronales. A continuación te explico lo que esto significa.

Cuando nacemos empezamos a generar los caminos para llegar a donde queremos ir. Al principio, como es desconocido, recorremos el camino con mucha presencia y conciencia. Más adelante, cuando ya hemos caminado por él múltiples veces, el cerebro lo hace de manera automática. ¿Recuerdas cuando aprendiste a manejar? Seguramente esas primeras veces ibas lo más consciente que podías, pero después de hacerlo muchas veces llegaste a un punto en que te subes al coche y lo prendes, manejas y llegas a tu destino en automático.

La mente no es capaz de evaluar estos caminos automáticos, aunque estén mal construidos. Casi toda nuestra actividad es inconsciente, pero cuando ese 5% que representa nuestra parte consciente empieza a darse cuenta de que alguna ruta es ineficiente y decide construir una nueva, comienza el trabajo de reprogramación, que es exactamente lo que buscamos para modificar ciertas conductas que no queremos en nuestra vida; en otras palabras, buscamos modificar los caminos por los que transita nuestro pensamiento. Sin embargo, anunciar que lo vas a hacer no es suficiente: ¡en verdad tienes que hacerlo! Eso incluye darle mantenimiento al camino constantemente, porque se trata de una carretera muy transitada.

¿Cómo se construye un nuevo camino? Repitiendo la acción una y otra vez. Esto resulta sencillo en hábitos que requieren una reprogramación física, pero en el caso de las creencias o temas de personalidad, requerimos usar el lenguaje para hacerlo.

Todo lo anterior es crucial, porque la cuarta capa: la historia personal, parte de ahí. Al ser contadores de historias por naturaleza, desde que nacemos vamos almacenando recuerdos impregnados de emociones. Con el tiempo esa narrativa nos construye, nos forma, nos identifica. Este proceso no es inocente, y mucho menos está libre de juicios y opiniones. De hecho, a lo largo de nuestra historia creamos diferentes carpetas que almacenamos para facilitar nuestros procesos de toma de decisiones.

A todo este proceso se le llama *percepción*. Son los atajos mentales que usas para tomar decisiones en segundos para que de esa manera tu cerebro diga: «Lo estamos haciendo bien y vamos a sobrevivir». Nuestra mente toma esas rutas para ahorrar trabajo y, conforme vivimos ciertas cosas, vamos agregando contenido.

Lo más apasionante de nuestra mente es que todo el tiempo está trabajando. A veces de manera consciente y otras no tanto. Pero el cerebro no alcanza a distinguir si esos procesos son reales, imaginarios, del pasado, del futuro, de una película o un libro; **la mente piensa que lo que le ponemos en pantalla está ocurriendo en verdad**.

El ser humano recuerda experiencias pasadas para tenerlas en cuenta y actuar con base en ellas en el futuro. Esa capacidad de memoria tiene un importante valor para darle sentido a nuestra vida y, sobre todo, para evitar vivir en una existencia sin referencias y con una incertidumbre constante sobre el futuro. Si no fuera así, nuestro cuerpo se la pasaría segregando cortisol (hormona del estrés), ¡lo que no solo sería cansado, sino dañino para la salud!

Sin embargo, llega un momento en el cual esas memorias, en vez de ayudarnos a avanzar en la vida, se la pasan tocando botones dolorosos que no nos permiten conectar con un bienestar emocional. Es como si hubiéramos metido piedras a nuestra mochila y el peso impidiera que nuestra expedición sea una aventura divertida, liviana, con miles de posibilidades de ir más rápido o más lento, subir senderos o nadar.

Las etiquetas también surgen del recuerdo de una palabra que influyó en ti con tal fuerza que te ató de manos, que se volvió un limitante mental que buscas comprobar y que además te impide actuar por miedo. Muchas veces las etiquetas te fueron impuestas por alguien que solo mostró su mundo interior, pero tuvo una repercusión importante en tu desarrollo. ¿Identificas alguna?

Se ha comprobado que mucho de nuestro ser se sustenta en lo que nos hemos contado y hemos creído que somos. Por eso esta grandiosa frase de Mary Kay que dice: «Si crees que puedes, estás en lo cierto, y si crees que no puedes, también estás en lo cierto» es crucial para tomar cartas en el asunto. ¡Cuánto daño nos hacen las historias que nos contamos! ¡Cuánto daño nos hace dejar que nos impongan etiquetas que nos bloquean! ¡Cuánto daño nos hace seguir recordando una emoción negativa que nos produjo algo que ya pasó y que no podemos cambiar!

¿Qué te estás contando hoy?

Por eso es importante hacer una pausa y entender qué historia personal nos hemos estado contando. Literalmente, nuestra narrativa nos hace tomar decisiones de manera inconsciente. Está presente en nuestro actuar diario y, por lo mismo, se vuelve una referencia importante en nuestras relaciones y en los resultados que obtenemos. ¡Ojo! La palabra es referencia, no residencia; no es un lugar al que nos sentenciaron a vivir por siempre.

Lo importante es que te des cuenta de hasta qué punto has sido preso de tu historia y de tus circunstancias. Es fácil caer en la provocación del «pobre de mí»; si ha sido tu caso, te invito a vivirlo como un proceso temporal, un síntoma de que necesitamos muestras de empatía, de que necesitamos ser abrazados física o emocionalmente. En cierta forma, así es como empieza el proceso de sanación, a través de esa compasión social que nos conducirá a un lugar mucho más lindo y sanador: la autocompasión.

Es importante que aterricemos otra parte del proceso de percepción. Toda información que tu cerebro ya ha catalogado es una imagen mental que se convierte en tu realidad. No busca comprobar o confrontar la historia, aunque esta no siempre sea un fiel reflejo de lo ocurrido. Sin embargo, tú piensas que tu cabeza es neutral y que puede hacer narrativas sin sacar conclusiones, pero estás equivocado porque la mente ya trae consigo ideas, expectativas, creencias, biología: todo eso de lo que hablamos antes.

Al cerebro le encanta tener la razón. Así es como se activa su sistema de recompensa. Pero cuando hayas entendido esto, me encantaría que te contestaras de una manera muy sincera: **¿qué prefieres: ser feliz o tener la razón?** La mente a veces tiende a llevarnos a tener la razón, y al hacerlo deja de lado la posibilidad de sanar de raíz.

Le gusta tanto vivir en ese estado de «tengo razón», que abraza las ideas que confirmen esa realidad y desecha en automático las que no. Y si no me crees, mira lo que pasa en tiempos de elecciones políticas. Tu cerebro buscará únicamente información que sostenga y avale lo que ya cree, y desacreditará cualquier nota o reportaje que diga lo contrario. De ahí las peleas completamente irracionales alrededor de este tema, que incluso rompen familias y lazos de amistad.

Es importante que sepas que, aunque lo entiendas y trates de ir en contra de esa biología, existirán momentos en que caerás en estas trampas. De nuevo: así somos los humanos, solo recuerda que hay aspectos de tu vida que no le puedes dejar a la biología ni a la cultura, y que puedes abrazar los otros elementos para ajustar tu realidad a tus posibilidades.

¿Cómo puedes ajustar la realidad? Entendiendo que quien crea la tuya siempre eres tú. Observa los resultados en términos de relaciones pasadas: ¿cuáles son las historias que te cuentas de ellas? No existe poder más exquisito que aquel que sale de nosotros.

¿Cómo puedes transformar tu narrativa?

El primer paso es reconocer tus pensamientos obsesivos, esos que se repiten una y otra vez sin contarte nada nuevo, pero que siempre te producen incomodidad. Es muy fácil sentirlo en el cuerpo, solo necesitas conectar y escuchar con mayor conciencia los mensajes corporales, para lo cual requieres las herramientas de ayuda que se encuentran en el capítulo «Escúchate».

Después tienes que descubrir qué está bloqueando y amarrando esos pensamientos en realidad. Cada idea trae una emoción o sentimiento implícitos. Puede ser dolor, pena, abandono, inseguridad, miedo. Acepta esta emoción sin crítica o juicio, con la compasión que te inspiraría un niño chiquito que se te acerca a decirte que rompió tu florero favorito. Lo más probable es que se te acerque poco a poco por miedo a que lo regañes, pero si percibe que el ambiente es de contención y seguridad, seguramente confesará apenado lo que hizo y te pedirá perdón y, si usas las palabras correctas, aprenderá que debe tener más cuidado para evitar accidentes.

Si lo regañas, lo castigas y le dices que es un inútil, solo imprimirás en él una huella tan fuerte que caminará con mucho miedo para que no vuelva a ocurrir, y si aun así sucediera, probablemente en vez de confesar lo que pasó escondería los pedazos para ocultar el accidente.

Las emociones tienen que ser acogidas en un ambiente de compasión y seguridad. Cuando no las juzgas, logras generar un proceso de conciencia poderoso, lo que hace que comiencen a perder parte de su carga negativa. Aunque esto no significa que desaparezcan, lo cual constituye nuestro gran reto. Muchas de esas emociones viven ancladas en nuestras antiguas historias, esas que forman parte de nuestra identidad.

Esas historias son las que hay que transformar. Y para hacerlo tienes que comenzar por volverte consciente de cómo te cuentas tu historia. Te propongo que para esta parte comiences a escribir un diario. Escribe en él todo lo que te venga a la mente. Igual que en el primer ejercicio, saca todo lo que te venga a la cabeza, aunque no sea políticamente correcto.

La importancia de la narrativa está en sustituir las emociones por unas mucho más sanadoras. Claro que existen historias que son desgarradoras y sumamente dolorosas, pero incluso las de esta clase conllevan grandes lecciones de vida que vale la pena reenfocar para que, en vez de solamente cargarlas, nos ayuden a enfocarnos en nuestro propósito de tener pensamientos positivos.

El reto más grande cuando nos recontamos una historia es usar la herramienta de la compasión, pues siendo compasivos tenemos más posibilidades de encontrar y mantener un lugar de mucho amor y conexión que nos permita entender mejor las circunstancias. Recuerdo muy bien una consultoría en la que alguien me contó acerca del abandono de su madre.

Cuando profundizó en la historia vi que los ojos se le llenaron de lágrimas, pero al mismo tiempo se le tensó la mandíbula, lo cual hizo evidente que sentía mucho dolor pero también mucho enojo.

Cuando le pregunté la razón por la que se fue su mamá, me contó que la situación económica familiar que vivió en su infancia era complicada. En ese momento su rostro se transformó completamente, pues se dio cuenta de que su madre no lo abandonó, más bien tuvo que irse para tratar de darle una vida mejor que la que ella tuvo.

Claro que en la infancia habría deseado tener la presencia de su mamá a cambio de cualquier cosa material. Pero en ese momento entendió que ella no lo hizo porque no lo quisiera, al contrario, quería darle todo para mostrarle cuánto lo quería. Al ver toda la historia, y no solo un fragmento guardado en la carpeta equivocada («gente que no te ama»), obtuvo una gran reconciliación mental y emocional.

Cuando somos capaces de volver a archivar nuestras historias y colocarlas en la carpeta correcta, comienza la gran transformación. Es decir, si todo el tiempo has vivido con el archivo de tu adolescencia guardado en la carpeta "rechazo, *bullying* y problemas de autoestima", ¿qué historia tendrías que contarte o escuchar para moverlo a la carpeta de amor propio, autoaceptación y seguridad en ti misma?

Las creencias son tremendamente poderosas en nuestro actuar. Algunas de ellas también se construyen con la influencia de los medios de comunicación y los estímulos que estamos recibiendo todo el tiempo. Muchas personas me han confesado que vivieron engañadas con la idea de que «Si te molesta es porque le gustas», la cual ha sido y sigue siendo el origen de muchas historias de terror entre parejas.

A lo mejor valdría la pena ver con detenimiento la persona en que te convertiste al llegar a la adultez para saber lo que debes hacer con esos archivos. ¿Qué tipo de relaciones has tenido? ¿Te sientes exitoso? ¿Eres feliz? Podría ser interesante que escribieras tu autobiografía, que te regalaras el tiempo para hacerlo con todos los detalles posibles para que pudieras ver cómo has vivido cada uno de los procesos, pero no te quedes ahí: puedes ir haciendo todas las correcciones que sean necesarias. A nivel cerebral, recordar es efectivamente volver a vivir. Revive también cada una de las emociones que experimentaste en ese momento. La ira contenida con el tiempo se vuelve rencor. El enojo o tristeza que habita por mucho tiempo en tu mente, cuerpo y corazón se vuelve depresión. Se vale ir editando la historia, recuerda que el gran objetivo es que consigas una vida llena de logros emocionales, con mucha tranquilidad, paz mental y abundantes y muy lindas experiencias.

Editar a nivel mental es repetir algo constantemente a través de las palabras y sentirlo con todo el cuerpo. Una edición no ocurre si solo pasa en la cabeza. Recuerda que nuestro cerebro necesita las emociones para fijar las cosas, estas son como el cemento que construirá nuestra carretera. Sin esta sensación corporal, no ocurre un verdadero ajuste de fondo.

Por eso cuando alguien te dice algo con palabras, pero no lo refleja con el cuerpo, también te está diciendo que aún no ocurre la transformación de fondo. Esto requiere mucha constancia y para eso específicamente escribí el capítulo «Atrévete».

Hoy en día se están llevando a cabo varias investigaciones que prueban la relación que existe entre la narrativa propia y la longevidad. Se ha visto que la gente que se cuenta historias más heroicas y propositivas de su vida vive más y con mejor calidad de vida. No sé si quieras vivir más, pero creo que sí te puede interesar vivir con bienestar integral.

Ahora bien, si descubres que en tu narrativa logras sacar tu historia heroica a partir de una emoción de enojo, ten cuidado: eso significa que aún quedan cosas por sanar. Es común encontrar personas exitosas, con mucho empuje, que han logrado sus objetivos porque se han propuesto probarles a otros de lo que son capaces, y con ello no tenemos la intención de demeritar el hecho de que lograron darle la vuelta a su historia, a veces de mucho dolor y abuso. Pero cuando nos recontamos la historia, llega un momento en que vale la pena hacer una pausa para entender si verdaderamente transformamos la emoción que nos hacía sentir eso o si solo la canalizamos hacia otro lugar.

Menciono esto porque he trabajado con muchas mujeres en puestos de poder y un buen número de ellas me ha dicho que el hecho de que nadie las haya ayudado fue lo que las impulsó a demostrar que podían. De nuevo, festejo cualquier historia de empoderamiento que abra camino y sea inspiradora, pero a la larga esa intención puede pasar factura. Ahí es donde digo que hay una diferencia entre empoderamiento y *encanijamiento*. El primero se basa en creer en nosotros, en nuestros talentos y propósitos; el segundo se basa en una emoción que cansa, drena energía y genera tensión en las relaciones humanas.

Por eso es tan importante que revises tus historias y sepas, antes que otra cosa, que ninguna palabra es inocente. Date cuenta de ese grandioso poder que tienes para estar en constante comunicación contigo mismo y conecta con la gran posibilidad de sanar las heridas más profundas que hoy construyen tu realidad.

Cuida que en tu narrativa incluyas elementos de mucho amor, de perdón, agradecimiento, compasión y, sobre todo, de una sensación de paz. Hacer las cosas por las razones correctas hace que el resultado perdure en el tiempo y toque más vidas. Si las haces desde ahí, te espera una increíble vida por conquistar.

Constantemente conversamos con quienes nos rodean: pareja, hijos, padres, hermanos, amigos, compañeros de trabajo, vecinos y hasta con desconocidos. Aún más: ¡hablamos solos todo el tiempo, el loco de la casa, nos llaman! Nos damos a conocer por lo que decimos. También, a veces, por lo que dejamos de decir. Juzgamos a los otros por lo mismo; las palabras siempre revelan quiénes somos.

Pero podemos equivocarnos en el uso que hacemos de la palabra, pues no nos enseñaron el arte del bien hablar. Como dijimos al inicio: la práctica perfecta hace al maestro. El lenguaje construye, pero también destruye. Tus historias no solo te afectan a ti, también pueden repercutir en la vida de los demás. ¿Te has fijado en cómo le hablas a los demás? Lo que pasa en el exterior permite diagnosticar cómo está nuestro mundo interior.

Como es adentro, es afuera. Si tú no te hablas bien, no le podrás hablar bien a los demás. Usa un lenguaje impecable y pon atención en lo que dices y cómo lo dices. ¡Vuélvete un maestro en el arte de hablar bien! Y no te tomes personal las palabras ajenas. Recuerda que solo materializan su mundo interior.

¿Cómo comprobar que lo estás haciendo bien?

Cuando trabajamos algo de adentro, se materializa afuera. Esta es una de las grandes premisas del trabajo personal. Amo la lectura del rostro y el mundo corporal, porque revela de una manera silenciosa pero muy evidente los avances de las personas que se comprometen a hacer algo para sanar.

Es muy común que me digan: «Renata, te prometo que ya hice la tarea para quitar la línea de amores perdidos», y cuando aún la veo presente, me doy cuenta de que todavía faltan cosas por cerrar. Por eso, uno de los lugares más importantes para revisar tu progreso y tu avance en esta reprogramación está en el rostro. Si verdaderamente estás cambiando de archivero tus historias más dolorosas, el cambio debe ser evidente en tu rostro y cuerpo.

Para mí la cara no solo refleja lo que hay que sanar, también delata qué tanto nos aplicamos en hacerlo. De nada sirve hacerlo solo a un nivel mental. Recuerda que puedes decir que algo ya está en los archivos del perdón, pero si aún sigues frunciendo el ceño cuando lo cuentas, no has sanado por completo.

Siempre tenemos la oportunidad de negociar con nosotros mismos lo que nos contamos y cómo lo hacemos. No lo dejes al caprichoso proceso biológico de la memoria. No seas víctima de tus recuerdos tristes. Vuélvete el protagonista de tu propia historia y despide a quien tengas que decirle adiós. La vida siempre tendrá sus desafíos, pero en la forma en que decidas narrarlos encontrarás la salida y solución más fácil.

Podríamos aprender un poco de los irlandeses e ingleses. ¿Qué pasaría si aprendieras a reírte más seguido de ti misma? ¿Qué pasaría si incluyeras en tu historia detalles divertidos en vez de trágicos y dolorosos? ¿Qué pasaría si te propusieras llegar a los lugares con un rostro suave, brillo en los ojos y una sonrisa que irradia felicidad? ¿Alguien podría decirte que no puedes? ¿Quién te haría pensar que no eres suficiente?

Tienes un gran compromiso de cambiar la narrativa de tu vida pero, sobre todo, de enseñar la práctica perfecta a través del ejemplo. Sería increíble que fueras parte del increíble movimiento de cambiar creencias, ese que rompe paradigmas, que se contrapone a la biología, que se vuelve protagonista de la vida y tiene la autoridad de contagiar un lenguaje más amoroso y compasivo.

Decidir recontarte tu historia, reprogramar tu mente y corazón es solo el primer paso. Se necesitan constancia y acciones propositivas que se sostengan en el tiempo para generar cambios neurológicos reales. Lee, júntate con gente que tenga una narrativa propositiva, cultiva tu mente, tu corazón, enamórate de ti todos los días y vive con resultados amorosos.

La vida no es como creo que es: la vida es como yo soy. Siempre es un reflejo de nuestro mundo interior. Encárgate de contar la historia correcta para que puedas ver un mundo lleno de posibilidades. Recuerda que cuando una persona alcanza a verlas, está conectando con su gran valor personal para conseguirlas y así reforzar su concepto del *yo*.

Despierta cada día con la posibilidad de elegir. Puedes construir, evolucionar, reprogramar en quién te quieres convertir y qué cuento te quieres contar. Elige la historia correcta, cuéntatela una y otra vez y sé esa persona que a través de sus palabras puede transformar corazones pero, sobre todo, modificar el propio.

SANA

El compromiso de lograrlo es tuyo

Mercedes D'Acosta

Sanar es un tema muy complejo, envuelto en creencias o mitos. Estas creencias no necesariamente son infundadas, muchas veces son experiencias que hemos compartido o vivido en carne propia, con seres queridos o con la gente que nos rodea. Todo esto nos ha llevado a creer que sanar es tan fácil o tan difícil como las experiencias que nos rodean.

Sanar suele ser un proceso que varía de persona a persona en tiempo, forma, incomodidad, dolor, logros, dificultad, retos y cualquier aspecto que nos lleve al bienestar.

No debemos comparar nuestro proceso con el de alguien más. No importa que el diagnóstico sea exactamente igual o que se haya generado en el mismo accidente; los factores y circunstancias que nos han llevado a que nuestro caso tenga esas características nadie más los puede tener. Hoy somos la suma de todo lo que ha pasado a lo largo de nuestra vida de forma consciente e inconsciente lo recordemos o no. El cuerpo sí se acuerda, porque ha tenido que adaptarse a cualquiera de estas caídas, situaciones, hábitos, accidentes, momentos de tensión, raspones, estrés, etc. Por eso es que no hay forma de que una lesión o condición sea igual a la de la otra persona.

El que no existan dos lesiones iguales nos lleva a independizar cada proceso de sanación. Nunca debemos minimizar el caso de alguien más, porque para cada persona, con toda razón, el suyo es el más importante.

Incluso cuando tú mismo hayas pasado por una situación similar, la recuperación del otro, su proceso de sanación, puede ser muy diferente al tuyo. Y está bien, cada cuerpo se va adaptando diaria y constantemente.

Es muy importante saber cómo funcionamos para entender cómo nos podríamos descomponer y cómo podríamos sanar eventualmente. ¿Qué debemos evitar? ¿Cuándo es importante pedir ayuda a un especialista? Solemos normalizar los malestares; esto hace que mucha gente se atienda solo cuando está en crisis, o cuando alguna lesión está en un nivel muy avanzado que pudo haberse evitado.

Lo que quiero con este capítulo es darte herramientas para que puedas cuidarte y saber, a grandes rasgos, cómo funcionan los procesos comunes del cuerpo que nos llevan a diagnósticos compartidos, para así tener mejor calidad de vida.

¿Alguna vez te has preguntado qué calificación le pondrías a tu calidad de vida hoy? No te preocupes por la respuesta, vamos a ir enfocándonos en cómo recuperarla, para que, en un par de meses, vuelvas a hacerte la misma pregunta y te des una mejor respuesta. Vale la pena detenernos a pensar en dónde estamos para ponernos objetivos de a dónde queremos llevar tu caso, y empezar el proceso de forma objetiva y realista.

Lo más importante, como en cualquier proyecto, es saber cuál es tu objetivo, en qué plazo piensas conseguirlo y cómo habrás de medir tu éxito. Si queremos ver un cambio verdadero necesitamos ser objetivas, analizar posibilidades reales y estar dispuestas a hacer las cosas de diferente manera. No olvides atravesar el proceso con la siguiente fórmula en la mente:

$$\text{Constancia} \times \text{tiempo/daños} = \text{mejoría}$$

Es una realidad que el daño que existe en el cuerpo no necesariamente se puede revertir, pero podemos alcanzar una verdadera mejoría si aplicamos las soluciones con constancia sostenida en el tiempo. Solo así puede apreciarse una disminución en los síntomas.

De nuevo: cada caso es particular y debe ser analizado por un especialista. Aquí buscamos sanar situaciones comunes y corregibles, identificar cuándo es importante visitar a un especialista y cómo cambiar ciertos hábitos para recuperar la buena calidad de vida.

Como habrás leído desde el inicio de este libro, la magia no existe, pero si quieres creer en ella podemos llamarla constancia. Aunque algunos síntomas parecieran haber aparecido de la nada, también son fruto de un proceso, así como sanar. En estos casos hay que tener conciencia del tiempo para evitar la frustración y desarrollar la paciencia.

Cómo funciona el cuerpo

El cuerpo está controlado por una parte física: el sistema nervioso. Dependiendo de la forma en que transmita los impulsos a lo largo del cuerpo es que alcanzamos estados de adaptación, equilibrio u homeostasis. Pero la salud, además de en la parte física, tiene que estar presente en la parte emocional o mental; por lo tanto, para lograr una verdadera salud en el cuerpo debe haber un equilibrio entre la parte química y la física.

Analicemos primero los síntomas de la columna vertebral, la cual depende del sistema neuromusculoesquelético, es decir, de la relación entre el sistema nervioso, las articulaciones y los tejidos blandos, como los que forman los ligamentos, tendones y músculos.

¿Cómo podemos saber en qué punto está tu caso?

Vamos a separar un área de tu espalda o columna en la que hayas sentido alguna molestia, aunque no esté presente hoy, y vamos a ponerlo en alguna de estas casillas:

- Siento un dolor intenso, constante o incapacitante.
- Siento un dolor soportable o una molestia que no me impide realizar mis actividades cotidianas.
- Siento cansancio, incomodidad o tensión, pero hago mis actividades de forma normal.

La presencia de un dolor intenso indica que existe una inflamación. Hay posiciones específicas del cuerpo que alivian y otras que perjudican o aumentan el dolor o la molestia.

Un síntoma de molestia o dolor leve también puede ser indicativo de inflamación. El cuerpo está generando toda una reacción para poder solucionar o adaptar la condición, según sea el caso. Los síntomas tienen un significado. No tienen que ser graves, pero siempre ponen en evidencia que el cuerpo está atravesando algún proceso. En principio puedes ignorarlos, pero si no logran que detengas el proceso irán en aumento. Si los atiendes puedes eliminarlos junto con el problema que estaban intentando solucionar.

Cuando sientes dolor en alguna zona es porque esta atraviesa por un proceso inflamatorio. Por ejemplo: cierra los ojos y con una mano date pequeños golpecitos en el antebrazo. Repítelo de forma rítmica. Ahora cierra los ojos y nota qué parte de tu cuerpo *sientes* más. ¿Estás de acuerdo es que es justo en donde te estabas pegando? Así como esa zona llamó tu atención, al cerebro también le llama la atención y, como no sabe qué está pasando, empieza a mandar inflamación para atacar a lo que sea que lo está alterando o atacando. Mira cómo se enrojece y calienta el antebrazo. Si continuaras con los golpecitos, al poco tiempo sentirías dolor en la zona, como si tuvieras un pequeño moretón. ¿Ves qué fácil es hacer que el cuerpo empiece a reaccionar con inflamación y dolor?

Lo mismo pasa cuando un zapato nos irrita. Si ya se te formó una ampolla, cuanto más tiempo te dejes el zapato puesto y esa irritación o esa provocación sin atender, más grande va a ser el daño, la reacción, la inflamación y el dolor. ¿Cuál sería tu reacción ante esta sensación en el pie? ¿Te quedarías con el zapato puesto? Eso mismo pienso yo. ¡Quítatelo de inmediato! Lo mismo debemos aplicar con otras zonas de nuestro cuerpo, debemos escuchar todos los síntomas de que algo está pasando.

Lo normal para un cuerpo sano es estar funcionando bien, en el estado de homeostasis o saludable. Cuando se altera ese equilibrio, el cuerpo tiene que adaptarse a esa nueva situación. No importa cuánto miedo te dé que alguien analice tu caso, es muy importante hacerlo; el miedo no puede paralizarte al grado de que un proceso sencillo y con solución se complique de manera innecesaria.

El hubiera no existe, por eso es importante analizarnos, tener a un especialista de confianza y no conformarnos con menos que estar a nuestro 100 por ciento.

No importa la edad que tengas o los procesos que hayas vivido antes: tu 100% es solo tuyo y, sin compararlo con el de los demás, es el porcentaje de salud por el que debes pelear. Es esa realidad a la que tienes que aspirar para tu cuerpo. Hay algunas situaciones que no son corregibles, pero son manejables: manéjalas. Hay situaciones que parecen no sanar, pero si lo estás intentando, sigue intentándolo y vive el proceso o duelo de aceptación. Si te conformas con tu realidad, con 50%, digamos, la vas a pasar peor que si luchas por conseguir aquellas cosas que te lleven al 100 por ciento.

Quiero que sientas tu cuerpo y tomes un poco de conciencia de qué te está queriendo decir en este momento. Siente dónde te incomoda, dónde hay tensión, dónde hay dolor o qué parte te gustaría que se sintiera diferente. Todas estas sensaciones son pequeñas alarmas que nos están avisando que lo que acabamos de hacer no le gustó a alguna parte del cuerpo, o que hay algo que atender o manejar en esa zona. Regresemos a un ejemplo en particular y muy importante.

¿Cómo quitar el dolor de espalda?

Es como la pregunta de cómo bajar 30 kilos en una semana. La respuesta es la misma: la magia no existe. Lo que sí existen son las causas. Es importante conocer cómo y por qué se origina el dolor para así poder atenderlo correctamente.

Veamos paso a paso cuáles son los movimientos naturales y permitidos para las articulaciones y cuál es una posición neutral.

Lo primero: el cerebro, dentro del cráneo, transmite impulsos nerviosos a través de la médula. De ahí sale el sistema de cableado del cuerpo llamado sistema nervioso periférico, o raíces nerviosas, ¿lo recuerdas del capítulo «Elegir»? Cada uno de estos nervios se encarga principalmente de tres funciones: transmitir todas las sensaciones normales y anormales, dar fuerza a los músculos y hacer funcionar los órganos.

La columna está formada por piezas (vértebras) diseñadas para estar en una posición exacta y llevar a cabo movimientos perfectos. Cuando una de ellas está fuera de lugar, aunque sea por milímetros, empieza a haber una irritación, tan chica o tan grande como cuando tenemos un zapato que nos saca una ampolla. ¿Qué pasaría si camináramos con ese zapato todo el día? ¿Qué pasaría si, ya con una ampolla, decidiéramos usar esos mismos zapatos dos meses seguidos? Además de que sería un sinsentido, el dolor sería cada vez más insoportable, aun cuando la herida visible de la ampolla sea mínima. El tamaño es irrelevante: durante todo el tiempo que la costura irritó la zona, el cuerpo intentó defenderse produciendo inflamación y dolor, formando un callo, cambiando el peso del cuerpo para evitar pisar con ese pie, etc. El cuerpo intentó ayudarnos.

Pasa algo muy similar en las articulaciones cuando están desajustadas o fuera de la posición exacta para la que fueron diseñadas. Con esto no nos referimos a si la columna está «chueca» o «derecha», sino a que, cuando algo está milimétricamente fuera de su posición, genera una reacción que conlleva inflamación, dolor, alguna contractura muscular, una degeneración o reacción de protección y adaptación, etc. La única forma de solucionar el problema es encontrando la verdadera causa de este y eliminándola.

Como vimos anteriormente, para proteger al sistema nervioso, que es la prioridad, el cuerpo, visto de perfil, tiene tres curvaturas: el cuello tiene una curvatura hacia adelante llamada lordosis; la espalda alta una curvatura hacia atrás llamada cifosis; y la espalda baja una curvatura hacia adelante llamada lordosis. Estas curvaturas se van formando desde que somos bebés. La cifosis la adoptamos en la posición fetal y cuando empezamos a sostener la cabeza, posteriormente, al fortalecer el cuello y gatear, se forman las curvaturas secundarias o lordosis.

En otras palabras: el cuello hacia adelante, la espalda alta hacia atrás, la espalda baja hacia adelante y al final el sacro, que es curvo, hacia atrás. Todo esto forma una doble «S» que el cuerpo utiliza para amortiguar nuestros movimientos y darle espacio y protección al sistema nervioso.

Sigamos tantito con la clase antes de la parte práctica.

¿Qué pasa cuando un músculo está tenso o tenemos una contractura? ¿Por qué se tensan los músculos? ¿Es causa o consecuencia?

Imagina que el músculo es un brazo y las manos sus tendones. Los tendones se unen a los huesos, y es así como cada músculo está pegado al cuerpo, van de un hueso a otro hueso. Si el músculo se tensa, el hueso se jala. Si el hueso se mueve, jala al músculo. Por eso los masajes relajantes no duran tanto, el músculo tenso es consecuencia de una articulación desplazada, a menos que haya tenido un golpe o desgarre directo.

Si el hueso o la articulación se mueve, ¿qué parte del cuerpo lastima? Pues el sistema nervioso. El cuerpo busca proteger ese sistema y lo hace mediante una contractura en forma de collarín o faja. No nos va deja movernos libremente para proteger los nervios. Esto no se puede relajar de manera consciente, a menos que eliminemos el riesgo de lastimarnos físicamente por completo o que el cuerpo elimine el riesgo que existía.

No siempre es fácil saber el origen de tu dolor, si empezó por un accidente, un trauma o un golpe directo. Además, hay momentos buenos (con menos dolor) y malos, que quizá no te explicas. Todo esto quiere decir que existe una mecánica que beneficia al cuerpo y otra que lo perjudica. Desarrollar una buena dinámica y unos hábitos correctos beneficiará al cuerpo, ayudándolo a corregir el problema, o por lo menos a disminuir la inflamación y dolor.

Los movimientos naturales de cuello y cabeza son de extensión (viendo al techo), flexión (viendo al piso), rotación lateral (voltear a los lados) y flexión lateral (ladear la cabeza). Ninguno debe ser forzado. Los músculos están calibrados para protegernos, al forzarlos salimos del rango de movimiento seguro y entramos en una zona de riesgo o crisis. El cuello no debe hacer movimientos en combinación, de hecho estos ni siquiera se ven naturales. Ni hablar de quienes se estiran de la nada o se truenan solitos el cuello. En frío ni siquiera hay sangre o nutrientes suficientes en los músculos para que funcionen a la perfección. El músculo necesita hierro, potasio, sodio y otros elementos para poder hacer cualquier movimiento, y no debemos «despertarlos» por sorpresa porque no estarán listos. No se deben hacer movimientos explosivos y menos de cero a cien en un segundo, de reposo a movimiento extremo.

Para estirarte necesitas saber qué estás haciendo y cuál es tu objetivo al hacerlo. Por ejemplo: si relajas la curvatura más grande, la espalda alta o cifosis, relajarás las dos lordosis, tanto cuello como espalda baja.

El primer movimiento que vamos a hacer es ese. Ponte de pie. Primero siente cómo, si te mueves un poco hacia adelante o hacia atrás, como si te balancearas, el peso se distribuye diferente. Se siente tensión en lugares distintos, ¿verdad? Ahora estira los brazos hacia el frente, como si fueras a echarte un clavado, sin doblar la cintura, y deja caer la cabeza suavemente hacia abajo. Siente cómo se jalan los músculos a la altura de la espalda alta. Mantén esta posición por cinco segundos y repítela mínimo diez veces al día. Probablemente notaste que es la posición contraria a la que la gran mayoría hace, que es echar los hombros hacia atrás. Hacer ese mal estiramiento, aunque en el momento puede sentirse rico, está forzando y yendo en contra de la posición de las curvaturas: fuerza una posición en el cuello como lo haría una tortuga. Esto queda absolutamente prohibido.

Para relajar el cuello, voltea hacia arriba, como viendo hacia el techo, y mantén esa posición durante cinco segundos. Hazlo lentamente. Otro tip que me encanta y definitivamente nos ayuda, es subir los hombros hacia las orejas y dejarlos caer, como si dijeras «qué me importa». Repite esto cinco veces a lo largo del día. Esto ayuda a que los músculos que estás tensando constantemente se relajen y recuerden cuál es su posición. Generalmente sentirás menor tensión en los hombros.

Hemos seguido tradiciones por años y nos hemos lastimado igual que nuestros familiares; gracias al sedentarismo, tráfico y hábitos actuales, en algunos casos hasta peor que ellos. Por ejemplo, ¿quién nos enseñó a sentarnos? En la mayoría de los casos, nadie; simplemente nos echamos en la silla y nos ponemos tan cómodos como podemos, o nos enderezamos como nos convenga si queremos dar una buena imagen. ¿Quién nos enseñó a estar de pie, o la forma correcta de acostarnos o utilizar una almohada? Y, lo más importante, ¿quién dijo que la tecnología actual fue hecha para beneficiar a tu cuerpo o a tu columna vertebral?

Por ejemplo, la posición del cuello la determina la posición de nuestra cabeza y es muy importante estar al pendiente de qué posiciones adoptamos. La tecnología nos está afectando mucho y está en nosotros combatir las malas mañas. Por ejemplo, la diferencia en la tensión que hay en el cuello cuando manejas, comparado con la tensión que hay cuando usas la computadora.

Todo esto se vuelve como ir al gimnasio, lo que trabajas todos los días es lo que tu cuerpo desarrolla y logra. ¿Qué pasaría si fueras al gimnasio y solo trabajaras un brazo? Pues esa misma descompensación, pero entre adelante y atrás, la sufren la columna y el cuello. Los músculos que trabajas se fortalecen; los que no trabajas se vuelven flácidos y se debilitan. Todo esto es directamente proporcional a la postura que tenemos.

Aunque la estética no es de ninguna manera nuestra prioridad, las buenas posturas son fáciles de apreciar a simple vista, porque se ven naturales y bonitas.

Con el paso del tiempo, lo más importante es volvernos prudentes y observadores. Es la única forma de ir cambiando esas posturas que nos causan dolor de espalda. Lo ideal es ser atendido por un quiropráctico y mantener buenos hábitos. Estoy segura de que has notado lo importante que es lavarse los dientes todos los días, además de ir al dentista regularmente.

Lo mismo hay que hacer entre visitas al quiropráctico, adoptar buenas posturas, con lo que ayudas a tu cuerpo a que solito corrija muchas. Para quitar el dolor de espalda hay que atenderlo, junto con adquirir buenas mañas, constancia y tiempo.

Es común que la gente sienta tensión en los hombros, pero no es normal. Lo normal es que los hombros no incomoden, que ni se sientan. Con esta tensión o incomodidad te advierten que la posición en la que estás, o la actividad que estás realizando les está generando alguna reacción negativa y, para protegerte de un mayor daño, se tensan para acotar el rango de movimiento para evitar que se agrave el problema.

La tensión, molestia o dolor en el cuello también es común, pero esto no lo hace normal. Lo mismo la tensión o dolor en la espalda baja. Según la Organización Mundial de la Salud (OMS), entre 70 y 85% de las personas tienen dolor en la espalda baja que es incapacitante en algún momento de la vida, y según el IMSS, 7% de la población a nivel nacional tiene dolor de espalda baja o lumbalgia incapacitante actualmente. Según la OMS, el dolor de espalda baja suele presentarse en episodios de tres meses y de manera recurrente. En la mayoría de los casos esta tensión o dolor de espalda también es ocasionada, o por lo menos agravada, por los hábitos diarios.

Si ya te han dado un diagnóstico y el dolor no tiene solución (o no es la que tú querrías), también es muy importante transitar por este proceso. Para manejar el tema del duelo o la asimilación sana, nadie mejor que Gaby Pérez Islas como tanatóloga. La clave está en no ver a ese diagnóstico como tu peor enemigo, sino como a un compañero con el cual estás compartiendo tu cuerpo.

Sanar no siempre es algo físico, pero tampoco es solo emocional. Sanar es un proceso en el que es importante escuchar al cuerpo y darle lo que va pidiendo, ya sea cambiar algún hábito, tomar alguna terapia física o emocional, ver a un especialista, vivir un duelo por algo que nos cambió la vida o que no podemos cambiar, cambiar los zapatos que estamos usando o nuestra forma de dormir, tomarnos un descanso, empezar a mover alguna parte del cuerpo que está inactiva o dejar de mover alguna otra para que sane.

Sanar no siempre es sencillo, pero tampoco tiene que ser demasiado complicado si empezamos a verlo desde una óptica distinta. **Los cambios rara vez son cómodos, indoloros o fáciles, pero son necesarios**. Solo siendo conscientes de esta realidad podemos avanzar. Esto aplica para procesos emocionales y físicos.

Uno de los pasos más importantes es no pelearnos con el proceso, con los cambios ni con los factores que no podemos cambiar, en otras palabras, con la realidad. No compares tu proceso con el de los demás; esto genera enojo, impotencia y frustración.

Si sanar fuera predecible podríamos contestar preguntas que normalmente no tienen respuesta, como: ¿en cuánto tiempo me sentiré bien?, ¿cuándo volveré a dormir?, ¿cuándo me dejará de doler?, ¿qué pasa si no lo atiendo ahorita?, etc. Muchos de estos ejemplos aplican tanto para la parte física como la emocional. Podríamos hacer un aproximado basado en la experiencia, pero realmente cada caso, cada cuerpo y cada proceso son distintos.

Es fácil frustrarse, sabemos cuándo perdimos la salud pero casi nunca sabemos cuándo vamos a sanar. Esta falta de certeza hace que sea fácil pelearse con los procesos. Ahí es donde tiene que entrar nuestra parte madura o, por lo menos, realista, para explicarnos a nosotros mismos que, así como el dolor se fue generando con el tiempo, también tomará tiempo para sanar.

No te preocupes si sientes que la parte emocional te empieza a rebasar cuando todo empezó por una molestia, dolor, enfermedad o lesión física. Iniciar un proceso de duelo por perder la calidad de vida a la que estábamos acostumbrados es común. Nos da miedo no saber cuándo recuperaremos la salud o en qué condiciones quedaremos. En estos casos te recomiendo que consideres los consejos o terapias de Gaby Pérez Islas, que como tanatóloga sabe mejor que nadie cómo ayudar a transitar este camino para que vuelvas a recuperar esa esperanza y tranquilidad.

Cuando hablamos de dolor físico nos referimos a una crisis de dolor que apareció o se intensificó repentina o progresivamente, pero que llegó a un grado incapacitante o casi intolerable. Pero, ¿cuántas molestias, enfermedades o procesos duran más de 24 horas? La mayoría.

En muchos casos el dolor puede volverse un laberinto sin salida. Experimentamos diferentes síntomas, hay días con mayor o menor molestia, y tal vez en ese punto ni siquiera hemos consultado al especialista adecuado. ¿Por qué no deberíamos entrar en pánico? Todo te recuerda a tu dolor: cambió tu rutina, limitó tus movimientos, se volvió tema de conversación permanente. Ahí es donde empieza a mezclarse el dolor físico con la parte emocional. Es muy importante buscar ayuda. Si es un síntoma que dura más de dos días y es constante o va en aumento, te recomendaría que pidas ayuda. No lo digo porque sospeche que es algo grave, sino porque en los procesos físicos del cuerpo hay señales claras que podemos tomar como guía.

Me explico: el cuerpo fue diseñado de manera perfecta para vivir con lo que necesita e irse adaptando o autorregulando. A este complejo proceso, al que sin embargo estamos acostumbrados, le llamamos *inteligencia innata*. Todos estamos programados para funcionar bien. Un ejemplo muy claro es cuando vas a comer con dos amigos y resulta que lo que comieron estaba en mal estado. Uno de los tres vomita a la hora, al otro le da diarrea y el tercero, al que parecía que no le pasó nada, le da fiebre y una infección de estómago que hace que se sienta mal toda la semana. ¿Quién dirías tú que es el más sano? El más sano es el que tuvo la reacción más rápida en el cuerpo y detectó inmediatamente que la comida estaba en malas condiciones; era una amenaza y la vomitó, evitó complicaciones. El segundo es al que le dio diarrea al par de horas, porque aunque su cuerpo se tardó más que el primero, también logró deshacerse de la amenaza. El que reaccionó al final y no la pasó bien el resto de la semana tuvo una reacción más lenta y fue presa de una bacteria, a la que el cuerpo atacó subiendo la temperatura. Pero esa ya fue una lucha frontal, ya no era prevención.

¿Cuántas veces has notado, por poner un ejemplo, que al despertarte sientes un dolor en el cuello o la espalda y al paso de las horas desaparece? O una molestia en la rodilla al caminar o subir escaleras que se resuelve de pronto el mismo día. Son este tipo de reacciones las que nos demuestran cómo el cuerpo se autorregula o autosana sin que nosotros hayamos tenido que pensar en qué hacer para corregirlo (mandar inflamación, tensar cierto grupo de músculos, etc.). Son sistemas automatizados.

Esta resolución aparentemente espontánea siempre va a intentar corregir y ayudar a tu cuerpo en cualquier proceso, aunque unas veces se tarde más que otras. Otro ejemplo es una cortada o raspadura en la piel: tampoco requieren que hagamos nada de manera consciente más que lavar la herida de forma correcta, ya que el cuerpo manda plaquetas que forman un coágulo y detienen la salida de sangre, inflama la zona para evitar que se infecte y elimina residuos drenando líquido. El cuerpo, también por su cuenta, forma una costra de protección, tejido de granulación, etc. Este proceso toma más de dos días y, aunque en heridas no profundas o comunes no necesitamos la atención de un especialista, podemos ver cómo va evolucionando el proceso de manera autónoma. Mientras la herida no se infecte, podemos estar seguros de que al final cicatrizará.

En los casos en que una molestia dura más de dos días, con la misma o con mayor intensidad, hay menos probabilidades de que esta se resuelva de forma espontánea. Probablemente se trate de un proceso que le exige al cuerpo más tiempo para solucionarse. Dejar que avancen los procesos sin atención vaya que puede complicarlo. Una degeneración de cadera, por ejemplo, puede terminar en una cirugía y prótesis. El que haya una degeneración en el cuerpo no nos habla de la edad del paciente, como muchos creen, sino de la edad de la lesión o el tiempo que el cuerpo ha tardado en reaccionar para estabilizar y adaptar el problema que no ha podido solucionar.

Me explico: la articulación de la cadera está formada por la unión de la cabeza del fémur y la pelvis, que forman la articulación coxo-femoral o cadera. Esta a su vez está formada por cartílagos y ligamentos, estabilizada por tendones y músculos y lubricada por una bolsa o bursa sinovial. Cuando la cadera se desajusta o pierde la posición exacta para la que fue diseñada, inicia un proceso inflamatorio que produce dolor, y percibimos un cambio en la forma en que reaccionan los músculos que le dan movilidad.

Si el desajuste que da origen a la inflamación no se resuelve, el cuerpo empieza a deshidratar estos tejidos y a disminuir el espacio articular, así como a formar osteofitos (una especie de «uñitas» o «rebabas»), los cuales alteran la forma de los huesos e intentan unirlos con tal de disminuir la movilidad y evitar que se sigan lastimando con movimientos antinaturales. Es decir, que la degeneración misma es un proceso que el cuerpo lleva a cabo para evitar más daños o riesgos, remodelando una articulación y disminuyendo el movimiento.

¿Habría habido algún cambio en el resultado si, cuando empezaba a inflamarse o a reaccionar, lo hubieras atendido o lo hubieras corregido? Por supuesto. A esto le llamamos corregir la causa y evitar una degeneración. Si el problema se atiende y soluciona durante los procesos iniciales, el cuerpo no tiene por qué degenerarse; el caso ya se solucionó y la articulación ya no corre peligro. Es por esto que es tan valioso atender un caso cuando empieza a dar síntomas y no esperar a que se vuelva una situación que nos cambie nuestro estilo de vida. Como los primeros síntomas no son tan intensos o son intermitentes, a menudo se pasan por alto, lo cual es un error.

Por ejemplo, el dolor en la espalda baja comienza con una sensación de que hay *algo* diferente. Puede ser cansancio muscular, tensión en los músculos, molestia, dolor o imposibilidad para completar un movimiento. Nada de esto es normal, aunque sea común y muchos lo hayan sentido; lo normal es poder realizar los movimientos y las actividades del día (incluido el ejercicio) sin ningún síntoma, señal o alarma.

La segunda parte es notar que, si se trata de una molestia que se mantiene o aumenta durante un par de días, es muy probable que no se vaya a resolver sin la ayuda de un especialista. Si tomaste algún analgésico, antiinflamatorio, relajante muscular o cualquier medicamento, puedes haber sentido alivio, pero esto no quiere decir que se haya resuelto el origen de la molestia: quiere decir que eliminaste los síntomas. Debes esperar a que pasen los efectos químicos para poder valorar si ya se quitó completamente la molestia o aún queda algo de dolor. Este es un buen momento para visitar a un especialista, como al quiropráctico, y hacer las pruebas y estudios necesarios para saber exactamente qué pasó. Si te sonó exagerado el pensar en estudios por una molestia, piensa que en eso radica la diferencia entre atender un caso cuando está empezando a atenderlo cuando ya está en crisis. Recuerda que cuanto más avanza el caso, aunque puede ser controlable, se va volviendo menos solucionable.

Una vez que tu caso ha sido revisado llega la tercera parte, seguir las indicaciones iniciales (estudios, cita con especialista, terapia, evitar o continuar con algún ejercicio, modificar hábitos o posturas, etc.).

Lo común después de que un especialista te tranquiliza y te dice que tu caso tiene solución, es que bajes la guardia, pero hay que tener cuidado de no bajarla tanto que se olvide el tratamiento, las recomendaciones o los pasos a seguir para poder sanar efectivamente.

Es común que reaccionemos con mayor prontitud y disposición cuando nos vemos amenazados, pero cuando alguien se conforma con la idea de que por el momento queda descartada una complicación, lo más seguro es que estos síntomas o este primer padecimiento sigan su trayecto natural, o su evolución esperada, y la situación empiece a complicarse. En algún momento el paciente volverá, pero con síntomas más graves y tal vez más complicaciones. Esto es lo que debemos prevenir. Debemos atender los síntomas cuando el pronóstico es bueno y no permitir que se compliquen, porque entonces afectamos los tiempos de cada proceso y los resultados que vamos a obtener. Recuerda, sin embargo, que nadie puede garantizar los tiempos; estos son solo estimados, igual que para cualquier padecimiento.

La cuarta parte es hacer los cambios necesarios que requieren constancia, como modificar hábitos a largo plazo, continuar con las terapias correspondientes e incorporarlas a tu estilo de vida, tomar los medicamentos indicados, evitar excepciones o descuidos en el tratamiento, etc. A pesar de que esta puede ser una etapa en la cual los síntomas han disminuido de manera significativa, o una en la que aparentemente la vida ha vuelto a la normalidad, es muy importante no volver a hacer lo que originalmente causó la lesión o enfermedad. El cuerpo, a pesar de tener una memoria para recuperar la salud o nuestro equilibrio y bienestar, también tiene una memoria de lesión, la cual va a durar un tiempo. Cuanto más rápido volvamos a los viejos hábitos, más rápido volveremos a la lesión que nos llevó a este proceso.

Es normal sentirnos cansados y frustrados, a lo que en muchos casos se suma que no tenemos el presupuesto suficiente para las terapias. Es importante que le preguntes al especialista qué hábitos y costumbres puedes cambiar e incorporar a tu vida cotidiana para ayudar a que la articulación sane lo más pronto posible, y qué factor puedes agregar para hacer todos los días. Por ejemplo: evitar o procurar alguna postura, evitar o realizar algún ejercicio, hacer un cambio sugerido en la alimentación, dormir lo suficiente o aplicar alguna terapia en casa. Cuida las situaciones que detonen tu caso. A tu cuerpo le tomó un proceso y un tiempo perder ese equilibrio o salud, aunque no lo hayas notado en el momento, y le tomará otro proceso y otro tiempo recuperarla.

Es normal y está bien sentirse cansado, harto, frustrado o desesperado. Lo que no es válido es abandonarte. El cuerpo no entiende de excepciones, solo de procesos, de una acción/reacción y de una adaptación en caso de que no se pueda corregir. Por fortuna existen áreas en las que puedes ayudarle a tu cuerpo, muchas mejoras solo dependerán de ti. Puede ser algo cansado y que te quite mucho tiempo, pero vale la pena si se trata de cuidar tu salud. Y siempre será más fácil cuidarla que recuperarla.

Si en este momento tienes a la mano un vaso de agua, una botella, un plato o algún otro libro, te pido que lo tomes en tus manos y lo sostengas con el brazo un poco flexionado, como a noventa grados, digamos, y lo eleves a la altura de tu cara. No pesa tanto como para lastimarte, ¿cierto? Te pido que lo sostengas durante quince minutos mientras sigues leyendo. Observa cómo, a pesar de ser un objeto que realmente no te genera ningún reto sostener, de repente empieza a incomodar a tu brazo conforme van pasando los minutos.

El peso, que originalmente era muy manejable, sigue siendo exactamente el mismo, pero cada vez te incomoda más y se empieza a sentir, de cierto modo, más pesado. Puedes sentir cómo se van tensando los músculos aunque el objeto sigue siendo el mismo. Todo esto pasa porque los músculos se empiezan a cansar y el cuerpo pone en marcha una serie de reacciones para poder seguir sosteniendo este objeto. Y eso que es un peso que no está arriesgando ni tu vida ni tus articulaciones o tu salud.

Lo menciono porque, aunque tu caso no sea grave, y aunque ya hayan encontrado el tratamiento que hay que seguir, el proceso de acompañamiento, de cuidado, sea físico o emocional, también se vuelve más pesado conforme pasa el tiempo, más difícil de manejar. Fatiga, hartazgo, frustración, cansancio, desesperación, depresión... Todo esto puede estar presente en un caso aparentemente fácil de solucionar. Más aún en casos con síntomas más graves o con un diagnóstico más delicado.

Una de las cosas que ayudan en estos procesos es llevar una bitácora en donde puedas ir anotando cómo te sentiste cada día y ponerle una calificación a esos síntomas de acuerdo con su intensidad. Puedes basarte en el 0 como referencia de que te sentiste muy bien (sin síntomas o casi sin molestia) y pensar en el 10 como el peor dolor o síntoma que has sentido en tu vida. Asociar las coincidencias de los síntomas con datos (como «qué día de la semana siempre tengo dolor» o si te sientes mejor en las mañanas o en las noches) te ayudará a asociar o a descubrir qué podría estarte lastimando. Estos datos también podrían darle alguna referencia al especialista que lleve tu caso.

El dolor y los demás

Algo común en estos procesos de sanación es que, sin importar en qué parte del proceso se encuentre el doliente, este suele hablar de sus síntomas y su dolor con quienes convive de manera cotidiana (hijos, padres, pareja, compañeros de trabajo, amigos). A veces pensamos que por habernos quejado tantas veces ya no les importa nuestro dolor, o que van a descalificar nuestros síntomas («siempre te estás quejando», «ya sé, otra vez te sientes mal», «no te invitamos porque siempre te duele algo», «¿no será mental tu dolor?»). Todo esto puede ser muy hiriente para quien vive el proceso.

Yo lo veo como si fuera un saldo de teléfono: tenemos unos minutos incluidos para quejarnos con la gente que queremos. A veces, si rebasamos esa cantidad, parece que les dejan de importar nuestras necesidades. En mi opinión y experiencia, algo que funciona para recuperar ese saldo a favor es comentarles también cuando nos sentimos mejor, cuando vamos viendo cambios; en muchos casos hasta se sorprenden. Después de hacer los comentarios positivos, vas a poder volver a quejarte con ellos cuando llegue un día malo. En algunos casos hasta puedes escuchar comentarios como: «ya no te había dolido tanto, ¿verdad?», o frases por el estilo que parecieran demostrar cierta empatía sobre tu condición. No dudes que para quienes te quieren siempre va a ser importante lo que sientes. Pero también es cierto que cuando se escucha muchas veces lo mismo se tiende a normalizarlo. Prueba nuevas estrategias de comunicación; también para eso puede resultar benéfico el proceso de sanarte.

Hay un aspecto muy importante en cualquier proceso para sanar: encontrar al especialista correcto para tu caso. Es común querer al mejor especialista sin importar el área de la cual estemos hablando. Pero ¿cómo saber que es el mejor? Afortunadamente hay muchos especialistas excelentes, y sería una falacia creer que solo hay uno que es el bueno, el mejor o el que podría recibir a todos los pacientes del mundo. Por supuesto que es importante revisar la trayectoria del especialista, pero quizá sea más importante la evaluación personal de la consulta. ¿Sentiste que puso atención a tu caso? ¿Escuchó tus inquietudes? ¿Te revisó? ¿Te mandó algún estudio o revisó los que llevabas? La pregunta más importante tiene que ser: ¿sentiste que tomó tu caso en sus manos?

Debes sentir confianza en el especialista que está tomando tu caso. Si no, de qué manera podrías creerle o confiar en que si sigues sus recomendaciones vas a obtener algún cambio. Ten cuidado cuando te ofrezcan magia: aquí aplica ese dicho, «lo barato sale caro», un bajo costo económico puede representar un enorme gasto de salud.

Para sanar tienes que estar dispuesto a observar qué pasa con tu cuerpo y vida cada día, ver en dónde está perdiendo el balance o qué aspectos quieres mejorar. Tienes que aceptar que será un proceso que traerá cambios antes de llegar a ese ansiado resultado que buscas, y que aunque no todas las etapas de ese proceso serán necesariamente cómodas, fue un proceso el que te llevó ahí, y para salir vas a tener que pasar por otro.

Para sanar también es importante confiar en tu cuerpo y en el especialista que elegiste. Sanar es comprometerte a que, de una u otra forma, dependerá de ti lograrlo. Debes ser realista. Si una situación física no sana como esperabas, debes buscar sanar la relación con esta situación de forma emocional. Tu condición o enfermedad no puede volverse tu peor enemiga, el que te haga la vida miserable. Tienes que encontrar un lugar en donde ambos puedan coexistir e interactuar, hallar esos puntos de complicidad que te van a llevar a tener mejores momentos. Las áreas de oportunidad, por pequeñas que parezcan, hay que ocuparlas.

En algunos casos esto también puede suceder con los procesos largos de recuperación, en los que existe esa promesa de sanar, pero después de pasar por un camino lleno de obstáculos o que parece demasiado largo. Busca la ayuda de un especialista si sientes que la ruta está siendo muy difícil o no le encuentras sentido. Trabajar con alguien que te ayude en este proceso emocional hace la diferencia.

No minimices tus síntomas. Escúchalos con atención aunque parezcan insignificantes. Observa y modifica si identificaste aquello que podría estarte lastimando. Atender estas señales puede evitarte síntomas más fuertes o procesos más complicados.

Sanar es un proceso. Aun cuando los tejidos, las articulaciones o los huesos no regresen a su estado original, sanar te garantiza regresar a un estado donde las cosas han recuperado su equilibrio. Es recuperar una forma funcional, o volver a funcionar después de haber pasado un periodo sin que algo en nuestro cuerpo trabajara como debía.

Para esto también es importante aceptar los cambios. Estos, aunque suene paradójico, son una constante, y bien manejados nos benefician. Todos los cambios a favor de tu cuerpo y mente van a sumarle calidad a tu vida. La prevención y la atención a tiempo, o desde que se presentan los síntomas iniciales, aumentan la probabilidad de evitar complicaciones y encontrar soluciones.

No te conformes con lo que pasa solo, busca mejorarlo. Busca sanar.

PERDONA

❧ ❧

Porque mientras no lo hagas, no lo sueltas

Gaby Pérez Islas

La palabra *perdonar* proviene del latín: el prefijo *per* y *donare*, dar. Dicho de quien ha sido perjudicado por ello. Remitir la ofensa o delito hacia alguien. Se perdona al culpable, se disculpa al inocente.

Un duelo sano dura aproximadamente entre uno o dos años, si se trata de una pérdida mayor. La primera parte es cuesta arriba y la segunda, como ya dijimos, una bajada peligrosa que hay que tomar un paso a la vez.

La prolongación innecesaria de un duelo puede estar relacionada con la falta de perdón. Tal vez debas perdonarte a ti por no ser capaz de retener aquello que se fue, perdonar al que te lastimó con su partida o hasta perdonar la finitud misma. **Mientras no perdones, no sueltas**, y eso significa quedarte sosteniendo el hilo de un globo que ya voló.

Sobre el perdón se ha escrito mucho, pero al relacionarlo con el duelo encontramos que la incapacidad de perdonar tiene que ver con que no te gusta lo que pasó y te quedas enojado, con los brazos cruzados y los puños cerrados. Te sientes ofendido, una víctima de alguien que te hizo algo que te dolió tanto que sientes que perdonarlo es aplaudir lo que ocurrió, o simplemente que estás de acuerdo con ello, y tú no quieres eso.

El perdón es la decisión libre de responder a un daño recibido con una muestra de comprensión. Es un cambio de actitud. Perdonar significa no dejar nada pendiente, renunciar totalmente a los agravios. Dar la deuda por saldada para así quedar libres y poder elegir establecer o no una nueva relación. El perdón desaparece el componente emocional de lo que pasó, renunciando a que ello tenga un impacto emocional dañino en ti.

Perdonar es no reaccionar al daño que te causaron.

El perdón es la cura para nuestro interior. Te saca de la victimización y así también se convierte en la ruta más corta para el crecimiento. Se define como la riqueza interior de una persona, la expresión de su madurez. Tiene tres componentes: la herida, la deuda que se genera y la cancelación de dicha deuda. Es, a la vez, una decisión y un proceso que no es directamente proporcional al tamaño de la ofensa. **El perdón supone renunciar a la venganza**. Es incorrecto pensar que si la falta o el daño son muy grandes, el perdón debería tardar mucho en llegar. Sin embargo, la pregunta que debes hacerte a ti mismo es: ¿cuánto tiempo quieres seguir sufriendo?

¿Por qué perdonar?

Es bueno perdonar porque se trata de un regalo de paz para ti mismo, no para quien te lastimó. No se puede tener paz si se pasa mucho tiempo pensando en lo terrible que es alguien más. No vas a transitar tu duelo hasta la total aceptación mientras no hayas encontrado el perdón en tu corazón.

Si no perdonas no eres libre, y la condición *sine qua non* del amor es la libertad. Si cargas el lastre de un perdón pendiente no puedes dar verdadero amor, no puedes estar en una relación sana ni funcionar bien en familia. En otras palabras, **perdonar es una vacuna para no enfermarte física y espiritualmente**.

Perdonas porque eres inteligente, porque puedes hacerlo y porque ya no quieres seguir cargando al otro a donde vayas. Entre menos peso lleves contigo, más rápido podrás avanzar.

Hazte estas tres preguntas para convencerte de perdonar:

- ¿Quiero seguir experimentando este enojo o sentimiento de víctima toda mi vida?
- ¿No perdonar es bueno para mi desarrollo?
- ¿No perdonar me genera amor?

Tres *no* consecutivos indican claramente que ha llegado el momento de dejar ir lo que pasó y quedarte con el aprendizaje, ya no con el dolor.

> *El débil no puede perdonar, el perdón*
> *es un atributo de los fuertes.*
> MAHATMA GANDHI

¿Qué impide perdonar?

Lo que impide o dificulta perdonar es el orgullo mal entendido, así como el ego. Como no estás de acuerdo con lo que pasó, quieres seguir siendo víctima y permanecer enganchado a ese dolor. Nadie en su sano juicio querría eso, pero inconscientemente lo haces. Tal vez la dificultad para perdonar a otros radica en que no nos perdonamos a nosotros mismos, tenemos una extraña severidad para juzgarnos y nos reprochamos constantemente por lo que pudimos haber hecho, dicho o modificado. Nada puede alterar lo que ya pasó, así que hay que soltar y seguir adelante. Visto desde fuera, frenar un duelo por no perdonar es generarte un segundo dolor, como si fueras culpable del primero.

> *Podría fácilmente perdonar su orgullo,*
> *si él no hubiera mortificado el mío.*
>
> Jane Austen

A quien más nos cuesta perdonar es a uno mismo. Como si tuviéramos que ser perfectos, sobrehumanos, como si equivocarnos o fallar no nos estuviera permitido. Si eres capaz de perdonar a otro por una ofensa o algún error, ¿por qué contigo no puedes tener esa misma misericordia?

Pareciera que pedir perdón es más fácil que perdonar, o menos difícil. En realidad, para perdonar no necesitas que te pidan perdón, porque se trata de un acto profundamente íntimo y personal. **El que odia siempre sufre mucho más que el odiado. El no-perdón destruye la serenidad.**

Quiero contarles un caso que creo deja muy en claro este tema del perdón en el duelo. Veamos a una mujer de 59 años, ama de casa con dos hijos. El mayor tiene 27 años y la chica 20. El hijo salía todos los días a trabajar montado en su motocicleta para evitar el tráfico. Antes de salir, su madre, que se dedicaba al hogar, siempre lo despedía con una bendición y una bolsa con su almuerzo. Un día, un miércoles cualquiera, su mamá estaba empanizando milanesas, así que cuando su hijo se acercó a despedirse, ella no pudo persignarlo como siempre lo hacía. Le pidió que tomara la bolsa de su almuerzo y le deseó, de lejos, que le fuera bien. Una hora después recibió una llamada, de esas que te cambian la vida para siempre.

Su hijo había sido atropellado en la moto por una camioneta de transporte público y muerto instantáneamente. Casi podría yo asegurar que todo ocurrió tan rápido que no se dio cuenta. En cambio, para su madre, la escena del accidente se repite todos los días en su mente desde hace dos años. Se culpa y no puede perdonarse el no haberle dado la bendición a su hijo esa terrible mañana. En su enojo por lo ocurrido quería encontrar un culpable, un responsable de su tragedia, y al no encontrarlo se culpaba a ella. La bendición de una madre es siempre algo hermoso, pero no es un escudo protector en contra de los peligros de la vida, como tampoco lo son un amuleto ni un escapulario. Todos tenemos una cita con la muerte y a ese encuentro habremos de llegar puntuales.

Cuando esta mujer llegó a consulta conmigo había bajado de peso, estaba demacrada, no dormía y repetía todo el tiempo que no podía perdonarse. Le pregunté cómo era su hijo y ella me dijo que había sido un muchacho feliz, noble y trabajador. Le pregunté si creía que él la perdonaría por no haberlo despedido como todos los días, a lo que ella contestó que por supuesto. Entonces, le dije: «¿Por qué tú no puedes hacerlo? ¿No aprendiste nada de ese gran maestro que estuvo contigo 27 años físicamente y que hoy, desde la no-presencia, sigue impartiendo grandes lecciones?». Cuando te perdonas, entiendes que eres humano, que no eres perfecto ni puedes controlar tu destino, ni proteger a alguien por encima del suyo.

El resentimiento hacia otra persona o hacia ti mismo te lleva a enfermar. Opaca el resto de los sentimientos, destruye la serenidad y arruina las relaciones. No perdonar hace que la persona se vuelva un ser amargado y aislado. Debes darte cuenta de que **el resentimiento dura lo que tú quieres que dure.**

El tema del perdón te lleva a cuestionarte cómo reaccionas ante lo que ocurre y no te gusta. Si quieres encontrar el origen de tu ira, piensa en qué situación no te saliste con la tuya. Un duelo congelado o patológico es aquel que permanece estancado. Suele ser en la etapa del enojo donde encontramos trampas de arena. Cuidado con la victimización y el ego herido. Podemos conservar ese sentimiento de rencor y enojo por muchos años; **es impresionante la capacidad del ser humano para dejar vivo lo que le hace daño**.

¿No deberíamos dejar vivo el amor? Tal vez el resentimiento ocupe un lugar que deberían estar ocupando los recuerdos. Decide dónde quieres estar parado: en las arenas movedizas del resentimiento o en la tierra firme de la paz. Perdona que ese algo se terminó, ya sea un trabajo, un amor o una vida. Todo está llamado a cumplir un ciclo y cerrarse, pero no porque se haya acabado significa que no dejó una huella favorable en nosotros. **Que no nos gane el dolor y se nos llene la vida de muerte**.

Escribe los agravios en el polvo.
Las palabras de bien escríbelas en mármol.

BENJAMIN FRANKLIN

Perdonar no es:

- Justificar.
- Hacer como que no pasó nada.
- Adoptar actitud de superioridad.
- Cambiar únicamente el comportamiento (volverle a hablar, seguir juntos).
- Decirlo de forma verbal.
- Usarlo como forma de afirmar que tú tienes la razón.
- Hacer sentir al otro culpable.

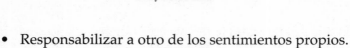

- Responsabilizar a otro de los sentimientos propios.
- Mantener una alianza familiar.

Otro caso que ejemplifica la importancia de perdonar en el duelo es el que le ocurrió a un matrimonio cuando falleció su hija mayor. El padre no estaba en la ciudad cuando ocurrió el accidente automovilístico en el que ella perdió la vida. La madre fue notificada y acudió al lugar de los hechos, donde encontró a su hija con medio cuerpo fuera del automóvil por el parabrisas. Murió instantáneamente, no traía puesto el cinturón de seguridad.

Claudia no podía recordar cuántas veces les había pedido a sus hijos que se abrocharan el cinturón antes de arrancar. Ese día su hija había olvidado hacerlo. No podía perdonarle que no se hubiera cuidado como ella le enseñó, que se hubiera puesto en peligro y que hubiera muerto. Por supuesto que no lo verbalizaba así, pues **es muy difícil para el doliente aceptar que está enojado con quien se ha muerto**. Es mucho más fácil voltear el enojo hacia uno mismo. Ese tipo de enojo se llama depresión.

Tardó mucho tiempo en poner en palabras ese enojo, ese desgarrador dolor, y como consecuencia sufrió varias enfermedades que daban cuenta de su baja de defensas, ya que su energía estaba puesta en alimentar el enojo y no su propia salud.

Comparto esto con la finalidad de que todos aprendamos de las bondades del perdón sincero, auténtico, el que llega desde el alma. No tiene mérito amar a quien es perfecto y nunca se equivoca, el mérito está en seguir amando y respetando a alguien que tomó una decisión equivocada; con la que se dañó a sí mismo y a ti también. El respeto y amor incondicional son los dos requisitos que cualquier persona debería tener hacia sus hijos.

Nada más falso que el perdón que se da u obtiene cuando la mamá obliga a los hermanos a ponerse frente a frente y les dice: «Dense la mano y pídanse perdón». Ese perdón es de dientes para afuera, como comúnmente se dice. **Perdonar verdaderamente es ponerte en una situación horizontal de igualdad con el otro.** Es un acto de voluntad secreta, debe ser anónimo, porque, si no, hasta te sientes dueño del perdón y puedes llegar a humillar al otro.

Buda tenía un primo perverso, llamado Devadatta, que siempre estaba celoso y se empeñaba en desacreditarlo.

Un día, mientras Buda paseaba tranquilamente, Devadatta arrojó a su paso una pesada roca con la intención de acabar con su vida. Sin embargo, la roca cayó al lado de Buda y no le hizo daño.

Buda se dio cuenta de lo sucedido pero permaneció impasible, sin perder la sonrisa. Días después volvió a cruzarse con Devadatta y lo saludó afectuosamente. Muy sorprendido, este le preguntó:

—¿No estás enfadado?

— No, claro que no.

Sin salir de su asombro, Devadatta le preguntó por qué. A lo que Buda le respondió:

— Porque ni tú eres ya el que arrojó la roca, ni yo soy ya el que estaba allí cuando fue arrojada.

Decía Heráclito que nadie puede bañarse dos veces en un mismo río, porque ni el río ni la persona son jamás los mismos. Así sucede en los duelos sanos: todo va evolucionando y acomodándose, pero nada debe quedarse estancado.

Perdona para que puedas sonreír de nuevo. Ahí, en tu sonrisa, encontrarás a tus seres queridos que hoy ya no pueden salir en una fotografía contigo, pero que sin duda viven en ti.

Ejercicio para perdonar

Este ejercicio en cinco pasos es uno de los más eficaces que se realizan en consejería tanatológica. Muchos usuarios rehúyen hacerlo porque duele recordar, hacer recuento y reconocer, pero una vez que lo hacen, se sienten muy liberados y capaces de seguir adelante sin el lastre que es tener constantemente la mente y el alma ocupados por el rencor.

Toma papel y pluma, es mucho mejor hacerlo a mano que en la computadora o el teléfono. Piensa en esa persona que sientes que te dañó por su actitud, por su partida o por su indiferencia. Contacta con lo que sientes con tan solo escribir su nombre en la parte superior de la hoja. Lo que vas a hacer es una carta para él o ella. Comienza escribiendo su nombre, su apodo o la palabra con la que le llamabas de cariño. Recuerda que esta carta puede hacerse para una empresa, una familia, una ciudad o hasta una mascota. Es para liberarte, no la vas a enviar, ni tiene que participar el destinatario de ninguna manera. Por eso puede hacerse para personas que estén vivas o que ya hayan muerto.

Completa las siguientes frases con tantas palabras como necesites:

Gracias por…
Agradece todo lo que esa persona o situación trajo a tu vida. Lo que evolucionaste a su lado, los beneficios que

obtuviste en todos sentidos. Siempre debemos empezar por agradecer, tal y como lo hicimos en este libro.

Te perdono por...

Todo lo que consciente o inconscientemente hayas podido hacer que me haya lastimado. Aquí es importante enumerar todo y buscar en el fondo de tus recuerdos aquello que te haya dolido. Lo que no le has contado a nadie, lo íntimo, lo penoso, lo grotesco. Eso que en su momento preferías olvidar pero que hoy conviene sacar a flote para desinfectar. Es como si estuvieras haciendo una limpieza profunda, no querrás dejar ningún lugar sin alcanzar.

Perdóname por...

El perdón es una calle de dos sentidos, y mientras tú no asumas la parte de responsabilidad que en esto llevas, jamás podrás soltar de verdad. Discúlpate por lo que has pensado de él o de ella, lo que le has contado a otros, lo que le deseaste en su momento, lo que le dijiste estando enojado. Pide perdón por aquello que te atormenta, lo que sientes que fue tu culpa o tu responsabilidad, lo que no hiciste, lo que no se te ocurrió y lo que resultó ser una mala idea aunque en su momento parecía ser lo más adecuado.

Dile lo que sientes por él o ella

La muerte acaba con la vida de una persona, pero no con lo que sentimos por ella. Expresa desde lo más profundo de tu corazón si la quieres, si estás enojado, si te sientes triste, si la extrañas, etcétera. Es importante que salga de ti, porque a la larga lo no dicho nos persigue mucho más que lo externado.

Despídete

Dile *A-Dios*, deja en manos de Dios lo que ya no es tu responsabilidad cuidar, lo que ya no puedes tener bajo tus alas ni proteger en ningún sentido. Déjaselo a quien sí puede hacerse cargo y descansa, porque en mejores manos no podría estar.

Una vez que hagas esta carta (estoy segura de que habrás llorado mucho al hacerla), léela en voz alta frente a una fotografía de la persona o algún objeto que le haya pertenecido. Así escucharás y habrás puesto todos tus sentidos en ella. Habrán de brotar más lágrimas, pero no te preocupes, acuérdate de que esas lágrimas son limpieza para el alma. Una vez concluida la lectura no pienses en conservar esa carta, por hermosa que te haya quedado. Rómpela en mil pedazos y ponla en un cenicero cerca de la ventana. Préndele fuego con un cerillo y mírala consumirse mientras el viento la lleva en humo hacia su destinatario.

Cuando las cenizas se hayan enfriado, colócalas en una maceta que tenga una plantita. De esa forma habrás transformado algo que podría ser desperdicio en abono para que esa planta crezca más linda que nunca. Justo **eso es el perdón, el fertilizante que te ayuda a ser tu mejor versión.**

Perdonar a Dios

Las tres palabras que acabas de leer no pueden dejarte indiferente. O te saltan porque las consideras una blasfemia (¡cómo enojarse con Dios que es nuestro Padre!), o te llegan directamente, porque sabes que en el fondo ese es tu sentir.

Sientes un profundo enojo y desencanto porque no entiendes por qué Él permitió que pasara lo que pasó, si tú eres una buena persona.

La tanatología tiene mucho que decir al respecto. No importa si eres bueno o malo: te van a pasar cosas en la vida las merezcas o no, llegarán a tu vida como experiencias por vivir y Dios (o el poder superior en el que tú creas, lo llames como lo llames) no tiene como misión atrapar las balas, detener automóviles, evitar terremotos ni frenar a la gente mala. Él está ahí listo para acompañarnos cuando sea nuestro momento de morir, es decir: nos acompaña, no nos lleva con Él. Nos espera cariñosamente, y pienso que a veces hasta sufre con lo que nos pasa, como haría cualquier padre, pero no puede evitarlo, porque nos dio algo que se llama libre albedrío y que impide que seamos unos simples títeres en sus manos.

Dios puede con tu enojo, porque rabiar contra Él da prueba inequívoca de su existencia. ¿No te enojarías con el Pato Donald verdad? Pues no, porque es una caricatura. Te enojas con alguien que existe y que quieres, porque cuando alguien no nos importa, soltamos muy pronto el enfado que pudiéramos sentir contra él.

Transita ese enojo y vuelve a acercarte a Él cuando estés lista, te recibirá con los brazos abiertos. El doctor Reyes Zubiría, uno de los primeros tanatólogos en México, decía que todo lo que hablamos hacia arriba (aunque sean maldiciones) en el camino al cielo se va transformando en oración.

No dudes ni por un momento que Dios, tu Dios, lo perdona todo. Es el amor incondicional personificado, así que cuando estés listo, regresa a tu vida espiritual y religiosa, porque el duelo es uno de esos momentos de la vida donde necesitamos sostenernos de un firme barandal para poder andar.

Hay que decir: «Perdón, Dios, por no haber confiado en ti».

CONECTA

Despierta a tu activador interno

Claudia Sánchez M.

Hoy desperté nuevamente con esa sensación que he tenido en varias ocasiones a lo largo de mi vida adulta: un tanto ansiosa, un poco presionada por los problemas cotidianos... Que si tengo deudas, que si el pago del teléfono, que si la luz, que la colegiatura de mi hijo, el súper, etcétera, etcétera. Desperté ensimismada en mis pensamientos, en mis problemas, y creo que eso de alguna manera puede notarse en el lenguaje de mi cuerpo: los hombros caídos hacia adelante, la cabeza agachada con la barbilla muy cerca de mi pecho, un andar lento y pesado; además, un genio de los mil demonios.

Pero la cosa no para ahí, pues descubro también que no me estoy sintiendo bien y que no he dormido profundamente, tengo un poco de dolor de cabeza y creo que la gastritis que hacía tiempo no me aquejaba está haciendo su molesta reaparición, así como varios de los clásicos achaques que de improviso se han hecho presentes en mi vida durante los últimos años.

¿Qué me está pasando? Sé que tengo problemas, pero también sé que estos tarde o temprano terminan por resolverse, estoy convencida de que los problemas que no tienen solución ¡no son realmente un problema! Son algo que ya sucedió, son un hecho consumado… y eso no es lo que me está pasando, sé que puedo con esto porque antes he podido.

Y así, al cambiar mi perspectiva y mi ánimo mediante este proceso consciente de ubicarme en el aquí y en el ahora, donde las razones comienzan a sustituir a mis reacciones, observo cómo mi cabeza comienza a erguirse, mi gesto a suavizarse, mi pecho a salir de su escondite y mi visión a traspasar sus propios límites y a expandirse más allá de mi nariz.

Lo único que ahora debería ocuparme es averiguar por qué ese sentimiento de angustia había regresado a mí una y otra vez a derrumbarme y desmotivarme en distintos momentos de mi vida. Algo sucede en mi interior que activa los demonios de mi inseguridad…

Es increíble cómo a veces las probabilidades llegan a ser más poderosas que nuestras propias certezas, sobre todo si consideramos que las *pre*ocupaciones no son más que eso, pensamientos sobre algo malo que podría ocurrir o no.

Así que decidí abandonar el miedo y actuar a partir de mis certezas, por lo que estaba sintiendo «mi verdad», esa verdad que está avalada por mi experiencia y que se ha arraigado dentro mí como sabiduría.

Pues bien, ahora yo ya lo sé porque me lo gritó mi sabiduría interna: nadie me lo tiene que decir y no olvidaré jamás que… ¡si antes pude hacerlo hoy también!

Y es aquí donde la numerología conductual nuevamente hace su aparición, dándonos la oportunidad de usar esos recursos internos que todos tenemos para salir adelante, todo un catálogo de elementos que nos acompañan en esta aventura llamada vida. En mi caso, esos recursos son poder detener el tiempo en mi mente y reconocer que tenía la respuesta que buscaba y podía cambiar mi manera de sentir, como explicaré más adelante. ¿Quieres conocer tus recursos internos o habilidades especiales?

Es muy fácil, los dos últimos dígitos de tu año de nacimiento sumados entre sí representan los recursos internos con los que cuentas para salir adelante como persona. A continuación puedes ver algunos ejemplos:

- 1971, tomamos los dos últimos dígitos y los sumamos: $7 + 1 = \mathbf{8}$.
- 1979, tomamos los dos últimos dígitos y los sumamos: $7 + 9 = 16$. Si el número es mayor a 9 como en este caso, sumamos esos dos dígitos: $1 + 6 = \mathbf{7}$.

El único caso especial es para las personas nacidas en el año 2000, pues la suma de sus dos últimos dígitos es igual a cero. Lejos de tener cero habilidades, esto significa que la persona cuenta con todas las habilidades del 1 al 9. Es un caso muy especial porque van a contar con todas las características que a continuación vamos a explicar.

Estas habilidades ya las marca el número reducido, pero de ti depende de verdad manifestarlas en tu vida, aprovecharlas y actuar en congruencia con ellas.

Es importante comprender que tus ejemplos de vida pudieron ayudarte a manifestar o bloquear esas habilidades, según sea cada caso, por lo que te sugiero hacer un recuento de sucesos y un análisis de la conducta y personalidad de tus padres y/o mentores para que esto te ayude a comprender mejor tu situación individual.

Una vez recopilada esta información, es necesario que uses todas las habilidades que estés consciente de tener, pues esos son los recursos con los que cuentas para salir adelante en cualquier aspecto de tu vida.

UNO en habilidades

Este es un número muy positivo y aporta una gran capacidad para liderar. Lo más común es que hayas encontrado esta habilidad a muy temprana edad, sobre todo si tus papás te educaron así, si te pedían que tomaras decisiones, que fueras definiendo lo que te gustaba y lo que no, que lucharas por ir alcanzando tus metas, etcétera.

Puedo imaginarte perfectamente bien como jefe de grupo en la escuela, organizando la graduación de tu generación o trabajando desde joven para mejorar tus condiciones de vida, siempre aportando ideas para lograr metas en cualquier aspecto.

Si no te educaron de esta manera no te preocupes, quizá un poco después encuentres y desarrolles tus capacidades de liderazgo y cuentes con seguidores que son empáticos contigo.

Alberto es del año 1982 ($8 + 2 = 10$, $1 + 0 = 1$). Él comenzó a trabajar desde los 16 años, pues la situación económica en su casa con seis hermanos era realmente muy complicada. En poco tiempo Alberto aprendió a ser comerciante y se convirtió en el encargado de una pollería. Y con esas ganas de salir adelante que siempre lo caracterizaron, continuó trabajando hasta que a los 28 años abrió su primer negocio: una pollería: actualmente cuenta con tres sucursales. Este líder hace que las cosas sucedan.

Otra de tus habilidades es la gran capacidad que tienes para innovar y mejorar procesos: observas una actividad, la analizas y descubres maneras de optimizarla y mejorarla.

Esto para ti puede ser normal, pero créeme que no todo mundo cuenta con esto. Utiliza este recurso en cualquier área de tu vida, especialmente para mejorar tu estilo de vida, y recuerda que cuentas con toda la capacidad para encontrar las mejores soluciones para enfrentar cualquier situación complicada.

DOS en habilidades

Este número ofrece una tendencia a disfrutar siempre la compañía de los demás, ya que representa las alianzas en general.

Serás la persona que se adapta por el bien del grupo de compañeros en el trabajo. Logras conocer a personas que se dedican a distintas actividades recreativas o profesionales e incluso llegas a conocer a personas con las que puedes formar alianzas estratégicas en el trabajo o en proyectos personales; debes estar alerta a las posibilidades. Cuando alguna amiga tiene un problema, probablemente tú sabes de alguien que puede ayudarla y si alguien está buscando alguna cosa tú conoces quién lo vende o dónde lo pueden conseguir. Usa esta capacidad para resolver lo que tengas que resolver, acércate a quien necesite ayuda y podrás conseguir que ambas partes se beneficien. Eres muy emocional, por lo que puedes conectar emocionalmente con las personas y hacerlas sentir bien.

Rosalba tiene el número dos en habilidades. Ella tiene un amigo con una joyería en una muy buena zona de la ciudad. En alguna ocasión la asistente que se dedicaba a llevar la parte operativa renunció y él no encontró quién la sustituyera. Pasaron semanas y comenzó a darse cuenta de que esta chica daba créditos a las clientas sin consultarle, de que había un desorden en el inventario y las cuentas eran un completo caos. Muy preocupado, le contó a Rosalba que no sabía quién le debía dinero y no sabía en qué condiciones estaba su negocio. Ella, con su acostumbrada buena actitud y ganas de apoyar, le aconsejó cerrar la tienda por unos días para hacer inventarios y poner todo en orden.

Fueron jornadas de más de 10 horas de trabajo, pero al final él quedó tan agradecido que le hizo un gran regalo y le prestó su departamento en la playa para que descansara unos días, además de contratarla de manera fija en la joyería. Rosalba aprovechó su personalidad colaboradora y al hacerlo obtuvo un beneficio inesperado.

TRES en habilidades

Este número te da una gran capacidad para imaginar, para crear nuevas cosas. Es tu gran recurso, pues tienes la facultad de generar muy buenas ideas en cualquier ámbito y en ocasiones desarrollar ideas vanguardistas, a veces tan vanguardistas que a algunas personas les cuesta entenderlas.

Confía siempre en tus ideas, utilízalas para crear, para mantener sanas las relaciones que escoges en la vida. Tu vida social puede ser muy activa, ya que siempre te están invitando a festejos, cumpleaños y comidas, y seguramente eres la persona que todo mundo espera.

Eres una persona carismática y seguramente de una sonrisa muy linda. Tus amistades podrán ser para ti una referencia, una opción de grandes alianzas importantes y hasta un aval.

Seguramente terminas siendo amigo de muchas personas, pues tu trato es agradable. ¿Sabes por qué? Porque eres cercano, eres optimista, motivas a los demás constantemente y tienes esa capacidad de salir adelante con la mejor actitud y difícilmente te deprimes.

Tu actitud y tu carisma te abren las puertas, así que cuando te sientas mal o tengas algún problema, recurre a tus amistades, busca soluciones junto con ellas, permite que sean parte de la contención que posiblemente estés necesitando. Aprende a recibir tanto como das.

CUATRO en habilidades

Gracias a este número tiendes a ser una persona con una gran necesidad de orden en tu vida y en la vida de los demás, te agrada tener tu casa arreglada, siempre sabes dónde está lo que necesitas, regresas las cosas al lugar de donde las tomaste e incluso podría molestarte no encontrarlas en su sitio; solo cuida que no estés exagerando.

Tu clóset está en orden, tus zapatos están en su lugar y tus documentos están al día, pues siempre estás pendiente de renovar la licencia y los seguros, y todos los trámites también están en tiempo y forma. Puedes incluso tener la caja para guardar la cajita adentro de la bolsita. No te gusta tener deudas, prefieres pagar al contado lo que compras, ya que los créditos te pueden estresar, y como para ti es de vital importancia estar tranquilo, tienes en orden tus finanzas y un buen control de tus ingresos y gastos.

Esta capacidad que tienes para ordenar tus cosas seguramente la tienes en tu vida, por lo que resuelves cuanto antes cualquier situación que lo requiera. Si tus conflictos son sentimentales, pones orden a tu relación de pareja y buscas la estructura que quieres en esa relación.

En el área laboral cuentas con la capacidad de poner el orden que se necesita para hacerla funcionar. Eres una persona de pensamiento práctico y lógico.

Eres una persona con una gran capacidad física y estructura para poner tu cuerpo en forma, y tienes la determinación para llevar a cabo algún régimen alimentario que te apoye para estar sana. A nivel personal eres lo suficientemente inteligente para saber cuáles áreas debes trabajar. Cuentas con la disciplina suficiente para meditar, orar, rezar o practicar cualquier actividad espiritual que te beneficie. Utiliza tus habilidades para ayudar a los demás, nunca por imposición, siempre por invitación.

CINCO en habilidades

Cuentas con la habilidad de tener una comunicación asertiva, usas las palabras exactas en el momento preciso y esto abre la comunicación a planos más profundos para que las personas te escuchen.

Busca en ti lo que deseas comunicar para solucionar un problema, lo que necesitas pedir para resolver algo, y simplemente comunícalo. No tendrás dificultades para hablar de temas que para otras personas son delicados e incluso prohibidos.

Resulta que otra de las habilidades o recursos internos con los que cuentas es la rebeldía. Sí, leíste bien, la rebeldía. Eres así por naturaleza, pero no te preocupes: ya que la encauzas positivamente, siempre sobresaldrás y marcarás una diferencia positiva en las cosas que hagas.

Tienes el instinto de caminar por donde pocos lo han hecho antes, y esta es una habilidad para encontrar las soluciones que necesitas en tu vida de una manera inesperada y creativa.

Seguramente durante tu juventud sí te costó un poco de trabajo encauzar positivamente tu rebeldía, tal vez te llevó a reaccionar un poco por impulso porque sentías que te imponían las cosas y que no te dejaban actuar, pero con el tiempo aprendiste y ahora la usas a tu favor. Utiliza tu habilidad de hacer una diferencia para ayudar a los demás y resolver cualquier situación de una manera distinta al resto de las personas.

SEIS en habilidades

Este número está relacionado con el desarrollo de la fe, de la existencia de Dios o de un ser superior. Cada quien es libre de creer lo que prefiera; yo me refiero al desarrollo de tu espíritu, a que encuentres la religión o filosofía de vida que te lleve a conocer esa fuerza interna que vive en ti.

Si en este momento no sientes interés por la espiritualidad, esto podría ser parte de tu proceso natural antes de encontrar el camino para desarrollar tu espíritu.

Las habilidades del número seis serán el motor, la seguridad y la serenidad ante todos tus problemas. Te sugiero hacer lo que tengas que hacer para fortalecer tu fe.

Cuentas también con algo muy especial: la capacidad para serenarte y lograr la paz interna, por lo que puedes estar pasando por una situación complicada y aun así buscar con serenidad las respuestas y los caminos a seguir.

SIETE en habilidades

Curiosidad, aunque no lo creas. Este es uno de tus grandes aciertos, esa inquietud por saber y por estarte preguntando la razón de todo te lleva a adquirir mucho conocimiento, ya sea de forma tradicional en una escuela o a través de la lectura o la investigación.

Debido a que has ido acumulando conocimientos poco a poco, tienes la gran capacidad de juntarlos y mezclarlos para llegar a conclusiones muy interesantes. Vamos a agregar a esto la capacidad que tienes de ver el mundo a través de los pequeños detalles, cosas o sucesos que para las demás personas por lo general pasan desapercibidos, como el escuchar una determinada palabra en una conversación, notar una mueca o una mirada especial. Siempre obtienes la información que necesitas, la recopilas y llegas a conclusiones que de alguna manera te dan una ventaja sobre los demás. En una ocasión, una alumna con este siete en habilidad me explicaba que en su trabajo tenían un director que a muchos empleados les caía muy mal, ya que era muy impaciente, intolerante y enojón (casi nada, ¿verdad?). Resulta que mi alumna logró identificar el momento ideal en el que ella debía terminar las conversaciones con el director para obtener la información que necesitaba sin que él la tratara mal como a los demás. A ella rara vez le tocaron esos famosos malos momentos con el jefe porque logró descifrarlo.

Usa los pequeños detalles para salir adelante encontrando un buen punto de negociación, así como para aportar información y puntos de vista que mejoren las situaciones.

OCHO en habilidades

Este número te da mucha fuerza interna para atreverte, para ser audaz. Eres de las personas que dice: «Porque puedo, voy. Porque puedo, lo realizo. Porque puedo, lo consigo». Es más, que no se le ocurra a alguien decirte que algo no se puede hacer porque se convertiría en un reto para ti. De inmediato pensarías: «Por supuesto que sí se puede», y lo harías.

Esta fuerza interna es la que provoca que, cuando una situación se complique sea a ti a quien le pidan ir por delante, hablar con el jefe, hablar con la mamá, conseguir el permiso, resolver un problema con las autoridades, etcétera.

La gente ve en ti esa fuerza, nunca te haces menos, no dudas ni te imponen otras personas, aunque sean autoridades. Cuentas también con la inteligencia para encontrar el mejor camino y hacer las mejores negociaciones para todos en cualquier situación.

Todo lo anterior te lleva a tener la capacidad para alcanzar metas muy ambiciosas, por lo que te sugiero expandir tus fronteras en todos los aspectos, buscar mejores estudios, mejores trabajos, mejor situación económica y laboral, mejor situación sentimental y espiritual.

Por tener siempre esta actitud audaz es que tomas oportunidades que otros tienen miedo de tomar. Sé audaz para alcanzar tus objetivos y siempre asesórate de los expertos en cada tema para obtener los mejores resultados.

NUEVE en habilidades

Cuentas con mucha sabiduría interior, por lo que eres de esas personas que observan la vida. Analizas las problemáticas diarias y sabes muy bien cómo solucionar y cómo terminará cada situación. También puedes usarla para encontrar oportunidades que pocas personas hallarían.

Liliana es nueve en habilidades, es una mujer profesionalmente exitosa que tiene su propia empresa. Hace no mucho me comentaba: «Claudia, para mí es tan fácil entender a mi equipo de trabajo, analizo y entiendo muy fácil su personalidad, sé cuáles son sus habilidades, cuáles son sus áreas de oportunidad y si van a resolver o no un problema». Sin que nadie se lo explicara, ella descubrió su habilidad natural para mantener una empresa en armonía y constante éxito.

Al ser nueve, eres una persona que responde con sabiduría ante cada situación que se presenta. Para potenciar tu habilidad recurre siempre a esa sabiduría interior, pues ahí encontrarás muchas respuestas; pero también atiende a tu sentido común, ya que este te dará muy buenas pistas.

Este número también te da la tendencia a contar con una gran fuerza de voluntad, por lo que eres de esas personas que cuando se ponen una meta tienen la fuerza interna y la voluntad para llegar al objetivo, y si te toca sacrificar algo lo haces sin dudarlo para poder alcanzarlo.

El nueve es el número de las personas que logran dejar de fumar, que logran ser deportistas de alto rendimiento, ser vegetarianos, que logran una disciplina de trabajo para que su empresa llegue al éxito, etcétera. Solo es cuestión de juntar tu sabiduría interior con esta fuerza de voluntad, ¿qué tal, no te parece interesante?

Así concluimos una revisión general de cada número en distinto escenario (mes, año y habilidad), sus códigos y características para que tú puedas aprovechar todas las herramientas con las que vienes equipado para recorrer esta maravillosa aventura llamada vida. La numerología me ha ayudado a recordar continuamente que no estamos solos, que no nos lanzaron al mar sin salvavidas.

Somos parte de un gran plan perfecto, diseñado para que aprendamos de nuestras propias experiencias. Todo es posible si nos hacemos conscientes de nuestras posibilidades y autolimitaciones.

Finalmente, y para cerrar, quiero confesarte que para mí escribir en este libro es un gran privilegio y una gran oportunidad, pero también una gran responsabilidad, pues yo espero que todo lo aquí expuesto sea una luz en tu camino para entenderte, para encontrar respuestas y generar una mejor relación con la gente que te rodea. Recuerda que todo lo dicho aquí es una tendencia, no una sentencia.

No olvides que vemos lo que queremos ver y que somos lo que sentimos y lo que hacemos con esos sentimientos con respecto a lo que nos rodea. Te invito a hacerte cargo de tus fortalezas y debilidades para que sea muy provechosa la capitalización de los recursos internos con los que viniste a existir.

Tú llevas el papel protagónico de esta historia. Utilizas tus habilidades y características para siempre inclinar la balanza hacia el lugar correcto, donde se encuentra tu dicha y tranquilidad. Dejo en tus manos la responsabilidad de ti misma, con la certeza de que lo harás muy bien.

Que Dios te bendiga y que tu plan de vida se lleve a cabo tal como siempre lo soñaste.

Te abrazo con cariño.

DISFRUTA

La armonía está en todas partes,
desde tus células hasta tus relaciones

Mercedes D'Acosta

Con el paso de las generaciones y los años nos hemos acostumbrado a vivir con prisa y a descuidar los momentos únicos. Hoy día nadie tiene tiempo; los niveles de estrés son altos y los de disfrute de vida muy bajos.

El estrés puede ser algo positivo para el cuerpo, porque lo ayuda a adaptarse a una situación determinada; pero se vuelve un problema cuando aumenta demasiado y no da tiempo para que el cuerpo se adapte, pues de esta forma se produce desequilibrio. El estrés elevado merma nuestra capacidad para disfrutar del día a día, la buena noticia es que la podemos recuperar trabajando para crear un círculo virtuoso a nuestro favor, que mejore nuestro estado de ánimo y salud.

El estrés genera muchos cambios a nivel emocional, químico y físico. Es un agente que ataca los puntos débiles en nuestro cuerpo, que rompe el balance de electrolitos, hormonas y neurotransmisores que regulan nuestro organismo.

Por ejemplo: el sistema endocrino está formado por glándulas que fabrican hormonas, los mensajeros químicos del cuerpo, los cuales transportan información e instrucciones de un conjunto de células a otro. Este sistema influye en casi todas las células, órganos y funciones del cuerpo, tales como el estado de ánimo, el crecimiento y el desarrollo; en la forma en que funcionan los órganos, el metabolismo y la reproducción. Hay muchos factores que afectan o alteran las concentraciones hormonales, entre ellos están el estrés, las infecciones y los cambios de equilibrio en los líquidos y minerales que hay en la sangre.

El desequilibrio del organismo puede provocar, a su vez, falta de sueño, aumento de peso, baja energía o pérdida de calcio en los huesos, además de múltiples enfermedades.

El estrés es un enemigo silencioso con el que nos hemos acostumbrado a vivir, tanto que hasta hemos olvidado la importancia de contrarrestarlo. Sería poco serio pedirte simplemente que no te estreses. Estresarse es una conducta aprendida y en muchos casos es el resultado del ritmo de vida, actividades y circunstancias de nuestra cotidianidad.

Si todo fuera tan sencillo como «relajarse», ya lo habríamos hecho. Pero esto no es posible porque la vida cotidiana está saturada de factores estresantes: el trabajo, el dinero, los pendientes, la ciudad y sus características, los cambios que estamos viviendo, los problemas familiares y hasta algunos problemas globales que están fuera de nuestro control, la enfermedad o pérdida de un ser querido, algún problema de salud, etc. Sin embargo, es un hecho que no podemos cambiar la mayoría de las cosas, pero tampoco podemos dejar de preocuparnos. Por supuesto que ayuda el enfocarse en lo que se puede ir trabajando, pero siempre habrá temas que generen mucho estrés en nuestra vida.

Así que vamos a enfocarnos en lo que sí podemos hacer con el estrés, pues como decíamos antes: aunque no es la causa directa de que se pierda la salud, sí es la gota que derrama el vaso y hace que se pierda el equilibrio. Ante esta situación, cada persona reacciona con lo que tiene para solucionarlo de la mejor forma posible; a esta respuesta se le llama adaptación. Como se expuso en el capítulo «Elige», normalmente la forma en que tu cuerpo te indica la existencia de un equilibrio o problema de salud es con algún dolor local. En la columna, por ejemplo, ya que esta puede ser un punto débil de tu cuerpo en el cual el estrés se podría anclar. Tú, seguramente, tienes ubicados esos días en los que asocias un malestar con tu estado de ánimo. El objetivo es contrarrestar el estrés en el cuerpo para que no nos afecte aunque no podamos cambiar las situaciones que lo provocan.

Una de las sustancias en el cuerpo a las que el estrés afecta de manera particular es la serotonina, un neurotransmisor conocido como la hormona del bienestar o de la felicidad, cuyos niveles disminuyen cuando estamos estresados. La serotonina es la responsable de que experimentes la sensación de saciedad, duermas bien y despiertes con energía; se encarga de que tengas apetito sexual, del mantenimiento de tu estructura ósea, del funcionamiento del sistema vascular, etcétera.

Cuando aumentan los niveles de serotonina en los circuitos neuronales el cuerpo experimenta la sensación de bienestar, relajación y satisfacción; mejora su capacidad de concentración y aumenta la autoestima. Pero si esos niveles bajan, las personas experimentan, entre otros síntomas, insomnio, falta de sensación de saciedad, ansiedad, tensión muscular, angustia o hasta mayor estrés. Hay formas de evitar que disminuyan los niveles de serotonina, endorfinas y dopamina: las sustancias asociadas al bienestar. La principal es hacer cosas que produzcan placer, alimentarnos con una dieta que incluya triptófanos, que contribuyen a formar la serotonina cuando el cuerpo no la puede producir. Los alimentos que los contienen son los huevos, pastas, arroz, leguminosas, lácteos, cereales, plátanos, pollo y muchas otras opciones que te puede recomendar tu nutriólogo con base en tus requerimientos personales.

Una de las actividades que produce más sustancias de bienestar en el cuerpo es el ejercicio, que además contribuye de otras formas a mantener la salud y el estado de ánimo. Más adelante te diré cómo puedes empezar a hacer ejercicio o a aumentarlo de acuerdo con tu caso.

La risa también aumenta tus niveles de serotonina. Busca cosas divertidas que te hagan reír, como ver una película cómica, jugar un juego de mesa o de destreza. Con esto tu cuerpo va a generar las sustancias que te van a aportar la energía que necesitas para vivir tu día a día. Entiendo que puedes estar viviendo con tal nivel de estrés que no tengas nada de ganas de reírte, pero cuando puedas date permiso de reír con alguno de estos consejos. Te aseguro que te vas a sentir mejor física y emocionalmente.

Si de plano no puedes reír, no te preocupes: también puedes optar por gritar para desahogar la energía contenida debido al estrés. Puedes gritar contra una almohada o ir al estadio o a las luchas, o hacer un grito constante mientras caminas o manejas. No te estoy sugiriendo que le grites a nadie, sino que trates de sacar esa energía con un grito aleatorio y sin mayor intención.

Si te da pena gritar entonces puedes cantar en voz alta, en un karaoke, en el coche o en la regadera. No importa dónde, pero hazlo. Esto también libera energía y ayuda a recuperar el equilibrio.

Otra opción es aplaudir. El sonido que generan las palmas llama la atención de tu cerebro y, si lo haces con suficiente fuerza, te distrae de lo que sea que estés pensando. Esto ayuda cuando no podemos dejar de darle vueltas al mismo tema, como si estuviéramos en un *loop* o ciclo incontrolable.

Saltar es otra opción para contrarrestar al estrés y aumentar las hormonas del placer. Haz pequeños saltos constantes, esto baja los niveles de estrés y despeja la mente. Saltar por unos segundos, o hasta un minuto, cambia nuestro estado de ánimo y hace que el cerebro se olvide un poco de esa idea a la que no deja de darle vueltas. Aunque siga ahí en tu cabeza, al saltar le estás ayudando a tu cuerpo a producir las hormonas con las que puede contrarrestar el estrés.

Una opción más es disfrutar la comida. Sé que suena irónico, porque a una persona estresada lo que más se le dificulta es disfrutar, pero aunque al principio sea un poco forzado, disfrutar activamente nos llevará a que el disfrute sea más natural cada vez. Por ejemplo: si comes una fruta que está en su punto de madurez, di en voz alta o para ti: «Qué rica está esta fruta». Si una sopa está en la temperatura correcta, menciona para ti o para los demás: «Qué bien está de temperatura esta sopa». Lo mismo si al bañarte sientes que el agua está a una temperatura agradable, verás que casi sin darte cuenta vas a empezar a disfrutar.

Agradece. Una de las cosas que más nos ayudan a cambiar el estado de ánimo es el agradecer. Aunque este es otro punto difícil de implementar en un mal día (o si no lo has hecho un hábito), la mayoría de las cosas que vayas notando que se pueden disfrutar también son cosas que se pueden agradecer. Puedes empezar por agradecer por las cosas más mundanas y sencillas, como disfrutar de la luz y el calor del sol, o de la lluvia si no te estás mojando; de que hay comida en casa o de haber podido comer los tacos que se te antojaron. De haber podido llegar a tu casa, de poder bañarte y vestirte con ropa limpia. Puede que estos detalles te suenen insignificantes y hasta absurdos, pero cuando estás muy estresado y con el ánimo por los suelos, ayuda encontrar salidas fáciles que vayan sumando desde la realidad.

Hay muchas más opciones para producir placer cotidiano, solo tienes que encontrar e implementar la que funciona para ti; así le ayudarás a tu cuerpo y mente a crear hábitos de goce diario.

Seguramente te ha pasado que en una reunión o conversación entre varias personas escuchas que los temas de los que se habla son negativos más que positivos. Algunos nos quejamos de que nuestras vidas no son perfectas, otros de las molestias o enfermedades que los aquejan, unos más porque la ciudad se ha vuelto un caos, etc. Y la mayoría tiene razón, pero lo que quiero que notes es que casi todos estamos acostumbrados a hablar solo de cosas negativas, por lo que no incluimos en nuestras conversaciones temas positivos o cosas que disfrutamos. Incluso hablar de cosas negativas en una conversación es socialmente más aceptado que hablar de lo bien que te están saliendo las cosas, por ejemplo.

Disfrutar es un hábito

No es evadir la realidad, sino encontrar esas pequeñas o grandes cosas que te pueden hacer sentir vivo y agradecido de estarlo, a pesar de lo estresante de la vida. Comer en familia, ver un atardecer, escuchar reír a un niño, comer algo rico sin preocupación, abrazar a un amigo o a un ser querido, disfrutar tu trabajo aunque odies el ambiente o a tu jefe, reírte con una foto o un meme gracioso son ejemplos de esas cosas.

¿Hace cuánto que no disfrutas tu cuerpo? Quizá no funciona a la perfección, tal vez no puedes moverte como quisieras, pero puedes vivir y disfrutar con alguno de los sentidos que aún funcionan. **Se trata de sanar enfocándonos en lo que sí tenemos.** Cada uno de nosotros es independiente y vive una situación muy particular que por el momento no es posible cambiar y que tal vez no vuelva a ser como era, pero en este momento somos este cuerpo y esta mente, y el día va a pasar igual que siempre. De nosotros depende si lo disfrutamos o lo pasamos enojados con esa situación que es una realidad.

Disfrutar no incluye mentirnos

Existen circunstancias que no se pueden cambiar, si creyéramos lo contrario nos estaríamos engañando. No tenemos que mentirnos acerca de la realidad, en vez de eso tenemos que adquirir el hábito de disfrutar las cosas con los recursos que tenemos. En eso radica la diferencia entre vivir el presente o evadirlo. Hoy estamos donde estamos y somos lo que somos, entonces lo que corresponde es ayudarles a nuestro cuerpo y mente a encontrar la ayuda que necesitan si les está costando trabajo avanzar o llegar a donde se proponen. Un ejemplo de esta ayuda son las sustancias químicas de las que acabamos de hablar, las cuales generan reacciones inmediatas, físicas y emocionales.

Piensa en tres pasatiempos que tengas. Un pasatiempo es una actividad que puedes hacer tú solo, te produce satisfacción, rompe la rutina y, además, produce serotonina, endorfinas y dopamina, las sustancias con las cuales se puede controlar el estrés de la vida cotidiana.

Si por alguna razón te costó encontrar los tres ejemplos, seguramente es porque hace mucho que no los practicas. No pasa nada, no te sientas mal; al contrario, encontraste un área de oportunidad que tienes a tu alcance para compensar el estrés de la vida diaria.

Si encontraste tus tres pasatiempos de forma inmediata, te felicito. Esto quiere decir que conoces o practicas una sencilla forma de producir estas hormonas placenteras. No olvides llevarlas a cabo con la mayor frecuencia posible, agéndalas como si hicieras una cita con ellas.

Algunas lecturas, películas o videojuegos no entran en este concepto de pasatiempos porque el estado anímico que producen depende de cómo nos desempeñemos en el juego o del tono emocional de la película o el libro. Los pasatiempos a los que nos referimos aquí son los que producen satisfacción sin más ni más.

Hay pasatiempos para todos los gustos. Por ejemplo: practicar algún deporte, brincar la cuerda, ordenar cartas, bailar, cantar, componer música, tocar un instrumento, ordenar cajones (no por obligación, sino por gusto), pintar, cocinar, admirar un paisaje, caminar al aire libre, coser, jugar un juego de mesa, escribir, la jardinería, el modelismo, la fotografía, etcétera.

Dedicarle mínimo cinco minutos de tu día a cualquiera de estos pasatiempos va a empezar a cambiar ese equilibrio hormonal. Ve aumentando el tiempo hasta que por lo menos dediques 30 minutos diarios a ello, de forma que se convierta en un hábito.

Una de las partes más importantes de disfrutar es estar presente en lo que estás haciendo. Esto disminuye el estrés y la angustia porque te estás enfocando en la única realidad que existe, que es el aquí y el ahora.

¿Has escuchado alguna vez que la ansiedad es el exceso de futuro, y la angustia el exceso de pasado? Lo único que podemos manejar, aunque nunca controlar, es el presente.

El pasado ya sucedió y no hay forma de modificarlo, solo podemos asimilarlo y adaptarlo a nuestra vida. Y del mañana no sabemos ni siquiera si llegará, menos podemos saber qué va a pasar. Pero el momento presente, el que estamos viviendo, nos da la oportunidad de enfocarnos con todos nuestros sentidos en él y no solo manejar la situación, sino hasta disfrutarla o sufrirla.

Incluso cuando pasamos por una situación desagradable puede haber algún detalle en el día que podamos disfrutar, o por lo menos agradecer. Hay días muy rudos y temporadas muy desgastantes, pero es importante no dejarnos caer, tenemos que vivirlas y buscar la manera de salir de ellas, pasando los procesos o duelos que sean necesarios. Por ejemplo, si sientes que tu día es triste y tienes deseos de llorar, llora y disfrútalo; eso también es parte del proceso para sanar. Si tienes un problema que pareciera no tener salida, reconoce la situación, pide la ayuda necesaria y abrázate por haberlo hecho; esto es también parte del proceso. Habrá días en los que vas a creer que es imposible ver algo que se pueda disfrutar: está bien, solo no permitas que esa negatividad se convierta en hábito. A veces te vas a tener que esforzar en buscar la salida y cambiar tu actitud, y eso te va a tomar tiempo, pero al final vas a encontrar la paz emocional.

Una forma de motivarnos en esos días tan oscuros y sin esperanza es empezarnos a mover aunque no tengamos ganas de hacerlo. Con esto me refiero a caminar, levantar los brazos y, si es posible, a saltar.

Si acompañas este movimiento con un poco de música vas a generar más endorfinas. Esto, si bien no va a evitar que pases por los procesos que tienes que pasar ni va a cambiar tu situación actual mágicamente, sí ayudará a tu cuerpo a adaptarse y a elevar tu sistema inmunológico, lo que disminuye las posibilidades de que te enfermes y se complique más tu situación.

Disfrutar es una palabra con un significado muy extenso y hasta subjetivo. Cada persona disfruta cosas distintas. A medida que te vayas conociendo vas a ir identificando las cosas que disfrutas y vas a automatizar los procesos.

Todos vamos a pasar varias veces al día por buenos y malos ratos, pero aun así debemos aprender a mantener una actitud positiva a lo largo del día, ya que de esta manera ayudamos a nuestro cuerpo para que pueda funcionar adecuadamente.

El cuerpo está hecho para vivir en un ambiente positivo y de disfrute. Siempre que estamos en ese estado se producen las sustancias de las que tanto hemos hablado, junto con muchas otras que equilibran el cuerpo y hacen que trabaje de una forma perfecta. Las defensas, la energía, la concentración, la memoria y la creatividad están en los niveles óptimos, lo que significa que el cuerpo está funcionando a la perfección.

Tu cuerpo fue hecho para trabajar bien desde el primer hasta el último día de tu vida. Si algo está funcionando diferente o mal, es importante revisarlo para solucionar lo solucionable y manejar lo manejable. No es fácil, pero sí es posible, y el cuerpo te recompensa cuando lo cuidas adoptando hábitos positivos. Si lo haces muy pronto vas a ver cambios, y aunque no los veas en las áreas que quieres no desistas, sigue esforzándote, el cuerpo requiere tiempo para llevar a cabo los procesos necesarios. Recuerda que te tomó tiempo estar donde estás, así que también te va a tomar tiempo volver al estado en el que estabas.

Ahora te daré algunos consejos para empezar a hacer actividades físicas o ejercicio y otros para evitar que te lesiones.

Es muy importante que partas de tu realidad. Si es el primer día que vas a una clase de baile, a practicar algún deporte o a cualquier sesión compartida, serás considerado el nuevo, el novato, el inexperto, y probablemente no seas el mejor de la clase. Que eso no te haga sentir mal, de hecho está bien que los demás sepan que es tu primer día. Pero eres tú quien debe tenerlo más claro que nadie porque tus músculos no están listos, activos, preparados ni desarrollados para realizar esa actividad. Es probable que tu condición aeróbica o respiratoria no sea la óptima. Quizá vas a hacer movimientos que no has practicado o trabajado antes y es importante que asimiles que hoy no serás el mejor de la clase.

Cuando vas a hacer una actividad que implica sudar o perder electrolitos tienes que estar listo para suplirlos con una correcta hidratación, y esto no necesariamente es con agua natural. El agua es muy buena para el cuerpo pero no contiene electrolitos, que son los encargados de mantener la hidratación y el balance de sales y minerales necesarios en el cuerpo. Si tienes alguna condición especial es muy importante que le preguntes al especialista que lleva tu caso cómo debes hidratarte al hacer ejercicio o durante cualquier actividad física demandante.

La ropa debe ser la correcta. Debe permitirte libertad de movimiento para que no modifiques alguna postura porque lo que llevas puesto te incomoda. En cuanto al calzado, lo más recomendable es usar tenis deportivos elaborados con materiales de buena calidad, específicamente para realizar deporte, ya que no solo te van a desplazar, sino que te van a sostener durante la actividad. La calidad del calzado se va a reflejar en los movimientos que requiere la actividad o durante todo el tiempo que los traigas puestos.

Recuerda que todo por servir se acaba y acaba por no servir. Los tenis están hechos de material sintético que, como cualquier tejido, puede deshidratarse, agrietarse, endurecerse, etc. Cuando tus tenis ya no se vean ni se sientan como cuando los compraste es momento de cambiarlos. Al cuerpo le cuesta mucho trabajo adaptarse a un mal zapato y esto aumenta los riesgos de lesión. Una prueba muy sencilla y rápida para revisar el soporte es colocarlos sobre una superficie plana y ver si se inclinan hacia algún lado. Si esto sucede, esos tenis están vencidos y pueden ocasionar una lesión. Revisa que el desgaste de la suela se vea parejo. Los materiales en la actualidad resisten más y no es tan evidente el desgaste. Observa que no haya grietas y que el plástico aún se sienta suave. Si cuando caminas con ellos sientes molestia o si tus pies están rojos cuando te los quitas a pesar de que usas calcetines, significa que tu pie está rozando con el calzado y tu cuerpo está produciendo inflamación para protegerlo, lo que va a hacer aunque tenga que cambiar tu forma de pisar. Si este fuera el caso, esos tenis tampoco serían una buena opción para empezar.

Si al empezar a moverte sientes alguna molestia, aumenta alguna existente o empiezas a sentir tensión en alguna zona, debes detenerte. Puede ser que no elegiste el mejor día para empezar. Es muy importante ver las señales y alarmas que manda el cuerpo para que no haya lesiones.

Seguir con ese ejercicio o movimiento que te produce dolor es la crónica de una lesión anunciada. Es mejor evitarlo por el momento e intentarlo de nuevo al día siguiente, o cuando no genere molestia. Si esta molestia persiste es importante que revises qué está pasando.

Uno de los grandes errores que se suelen cometer en estos casos es continuar haciendo el ejercicio a pesar de la molestia, con la idea de que va a desaparecer una vez que calentemos. Si sigues realizando la actividad a pesar del dolor tu cuerpo va a prender los sensores de supervivencia, pues como no distingue si la razón por la que te sigues moviendo aunque te duela es porque tu vida corre peligro o es solo porque quieres lograr una meta en el gimnasio, va a generar adrenalina y una sensación de analgesia o adormecimiento para que no sientas dolor y puedas seguir corriendo para salvar la vida. El problema viene cuando te dejas de mover porque el estado de emergencia desaparece, y entonces el nivel de adrenalina en el cuerpo vuelve a la normalidad, se presenta la inflamación necesaria para defenderte y vuelve el dolor, lo cual significa que te lastimaste apostando a que se te quitaría con el movimiento.

Si estás tomando algún medicamento, especialmente de tipo analgésico, antiinflamatorio o relajante muscular, es muy importante que estés consciente de que los medicamentos actúan en todo el cuerpo. Por ejemplo, el químico que contiene el analgésico que tomas para el dolor de cabeza entra al torrente sanguíneo y, mediante muchos procesos, hace que disminuya la sensación de dolor, pero el efecto analgésico no solo se produce en la cabeza, sino en todo el cuerpo.

Cuando tomas un analgésico disminuyes la capacidad del cuerpo para encender la alarma con la que te avisa que hay una emergencia, que estás en riesgo de lesionarte. Si te engañas tomando analgésicos para desaparecer el dolor y seguir, silencias la alarma de tu cuerpo y te sigues lastimando. Lo mismo pasa con los relajantes musculares, que actúan disminuyendo la capacidad de reacción de los músculos a nivel general, la cual necesitas para generar una tensión o contractura de forma natural y así evitar lesiones más grandes. A esto se debe que los relajantes produzcan sueño. Con los antiinflamatorios pasa lo mismo: disminuyen de forma química la capacidad del cuerpo para reaccionar de inmediato inflamando la zona en la cual localiza algún problema, lo cual te deja susceptible a lastimarte sin darte cuenta.

Cualquier medicamento puede tener este tipo de efectos, así que es importante que sepas bien qué estás tomando y te asegures de que no tiene efectos secundarios. Y no te automediques, es mucho más delicado de lo que crees.

Los estiramientos clásicos previos al ejercicio producen una agradable sensación de alivio, pero si un músculo está tenso no insistas en estirarlo, si tratas de forzarlo el cuerpo se va a sentir amenazado y va a generar más tensión en él para contrarrestar el efecto de estiramiento.

Lo mismo pasa cuando intentas hacer movimientos explosivos o bruscos en un grupo de músculos o una zona, pues tomas al cuerpo desprevenido, tal vez sin la sangre suficiente para llevar los nutrientes necesarios para poder hacer ejercicio o mover ese músculo. Es muy importante consentir al cuerpo. Si lo que buscas es que se relaje, asegúrate de que no se sienta atacado. Recuerda que aunque tú sepas que ya vas a empezar a hacer el ejercicio, el cuerpo tiene que pasar por un proceso fisiológico para poder alcanzar ese estado, y si está tenso es porque está haciendo su tarea de protegerte y adaptar tu cuerpo sin arriesgarte.

¿Eres de las personas que se truenan los dedos, el cuello o la espalda? No lo vuelvas a hacer. Sé que si lo has hecho alguna vez me dirás que sientes cómo se relaja o destraba la articulación. Todo esto pasa por las sustancias químicas que se generan en el momento. El problema es que no puedes relajar y contraer una zona de forma simultánea: o la relajas o la contraes. ¿Qué moviste exactamente y en qué dirección? Seguramente no tienes ni idea, la tronaste y listo. Lo que necesitas es corregir la causa del dolor para no tener que volver a tronar las articulaciones. Al hacerlo solo las pones en riesgo, y si es la columna puedes estar poniendo en riesgo hasta al sistema nervioso.

Cada articulación debe tener cierta tensión, la cual se obtiene con la estabilidad de los ligamentos y los tejidos blandos que los rodean, como tendones y músculos. Al forzar la articulación para provocar el tronido o la crepitación estás debilitando las fibras de los ligamentos y con ello la estás dejando susceptible. Los músculos van a generar una contractura más fuerte para poder suplir esta inestabilidad y se va a crear un círculo vicioso. Si sientes que tu cuerpo te pide que lo truenes, te está enviando una señal de que debes revisar tu caso y atenderlo de forma específica para que deje de tener esa necesidad.

Si de verdad quieres relajar una zona o un grupo de músculos, intenta hacer un calentamiento correcto. Puedes consultar a un fisioterapeuta o a un quiropráctico para que te dé una rutina que no aumente la tensión y con la cual no corras el riesgo de lesionarte. Más adelante te doy algunos consejos para calentar.

Para realizar un calentamiento correcto es recomendable empezar por algún movimiento de piernas. Puedes empezar caminando, saltando suavemente, subiendo y bajando escaleras, o con cualquier otra actividad de muy baja intensidad. Recuerda que el cuerpo estaba en reposo y lo estamos empezando a activar. Una vez que, literalmente, ya te dio calor, puedes empezar a aumentar la actividad o hacer otra. Esto evitará también muchas lesiones y ayudará a que los músculos se vayan relajando sin sentirse amenazados. Un buen calentamiento te va a ayudar a lograr tus metas y evitar lesiones.

Si estás haciendo cualquier ejercicio o algún tipo de estiramiento, es muy importante que nadie intente ayudarte haciendo fuerza o presión sobre tu cuerpo. Esta es una forma muy común de lesionarse, porque vas en contra de tu cuerpo que te está avisando de forma natural cuál es el límite de hasta dónde puedes y debes moverte hoy. Si rebasas este rango de movimiento con ayuda de alguien que aplica una fuerza externa, aunque sea muy suave y con las mejores intenciones, lo más probable es que termines lesionado.

Es importante que realices los movimientos dentro de las posibilidades, limitantes y rangos de tu cuerpo. Si respetas esto, cada día vas a adoptar una mejor técnica; también alcanzarás mayor elasticidad, pero a tu ritmo, no al de la clase, y sobre todo, estarás cuidando tu cuerpo para lograr tus metas sin exponerlo a ningún peligro.

El dolor no es un juego. No gana más quien aguanta más. Al contrario, es más fácil que quien resiste más dolor produzca una lesión más grave. Culturalmente no está bien visto detenerse por dolor, es más aceptado no dejarse vencer por él.

Nos hemos vuelto una sociedad que cuida sus lesiones en vez de curarlas. No te acostumbres a vivir con dolor por más común que este sea o porque muchas personas lo padecen; es importante que busques la atención de un quiropráctico certificado lo antes posible para encontrar su origen y curarlo, solo así vas a evitar que empeore a corto, mediano o largo plazo.

Hasta ahora hemos hablado de las lesiones que se pueden corregir, pero también es necesario hablar de las lesiones permanentes. Este es un caso completamente distinto, porque aquí sí tenemos que aprender a vivir con ciertos síntomas o aceptar cambios que no son voluntarios y que no se pueden modificar. En este caso el objetivo final será diferente: vas a tener que entender tu situación específica para evitar otras lesiones, pero, también, ver qué se puede hacer para que esa lesión se vuelva un cómplice que vive contigo; como un compañero que a veces te deja hacer más cosas y a veces menos, pero que no es una razón permanente para no disfrutar la vida. **Las realidades son muy diversas, pero la vida es una: vale la pena encontrarle el lado rescatable y explotarlo.** No es sencillo, pero es posible. Se requiere observación y seguimiento de los procesos físicos y emocionales. Con mucha paciencia se puede lograr una mejor calidad de vida permanente.

Una buena calidad de vida se alcanza poco a poco, es el resultado de un esfuerzo constante por cambiar hábitos y entender que somos un sistema que debe estar equilibrado, pero esto no sucede de manera inmediata.

Comienza. Si no has realizado una actividad física de forma rutinaria durante por lo menos tres semanas, no te preocupes, empieza por moverte o caminar durante 20 minutos cada día. Si te sientes bien al hacer esto, podrás aumentar diez minutos cada semana hasta llegar a un tiempo cómodo que se ajuste a tus otras actividades. Vamos con calma.

Avanza. Si ya practicas ejercicio con regularidad y lo que quieres es ir aumentando la intensidad o sumar un ejercicio nuevo a tu rutina, hazlo tomando en cuenta que los músculos deben comenzar como nosotros: con calma. Tal vez sientes que tu condición física te permite hacer cualquier tipo de ejercicio distinto al habitual, pero recuerda que cada nueva actividad debe hacerse desde el inicio.

Si te interesa ejercitarte con peso externo, comienza por el más ligero. Todos los pesos con los que trabajes son fuerzas externas que pueden ejercer una palanca sobre tus articulaciones y lastimarlas, muchas veces de maneras más graves que cuando no utilizas peso. Una buena recomendación para evitar lesiones y desarrollar fuerza es comenzar con ligas de poca resistencia e ir aumentando esta paulatinamente a lo largo de las semanas y después incorporar peso poco a poco. Si ya estás pensando aumentar el peso que cargas en tu rutina, ahí te va un consejo de oro: aumenta el número de repeticiones sin aumentar el peso, produce los mismos resultados en el músculo. Te tomará un poco más de tiempo alcanzar el tono muscular que buscas, pero evitarás el riesgo de lesionarte que es tan común cuando se aumentar peso de manera repentina.

Una de las mejores opciones para fortalecer nuestro cuerpo es hacer ejercicios funcionales: lagartijas, sentadillas, diferentes tipos de planchas, abdominales, brincos, desplantes, escaladoras, etc. Al hacer correctamente estos ejercicios estás trabajando de forma integral y funcional todo tu cuerpo.

Siempre contempla tus realidades y posibilidades. Como dijimos antes: ningún cuerpo es igual a otro, cada uno avanza a su ritmo y ejercitarse no solo es ponerse en buena forma física; también es sentirse mejor y, en ese sentido, al ejercitarnos cuidamos nuestro cuerpo y prevenimos lesiones.

No hay segundas oportunidades en el tema de la prevención, sobre todo cuando se trata de la salud. Algunas lesiones también necesitan un proceso, también requieren paciencia y perseverancia para sanarlas, aun cuando no seamos conscientes de ello.

Cuidarnos es un trabajo de mantenimiento; requiere constancia y compromiso, pero también depende de lo mucho que disfrutemos de las cosas, de las emociones positivas y de los momentos especiales que vivamos. Debemos aprender a disfrutar y conservar el cuerpo. No estamos aquí para sufrir, podemos disfrutar más de la vida con solo dedicar un poco más de tiempo a cuidarnos, con tomar tiempo para planear, por ejemplo, qué vamos a comer, qué tipo de comida, la cual ocasionalmente puede incluir antojos porque son parte de hábitos saludables.

Piensa en una actividad que disfrutes hacer, cualquiera, y analiza qué es lo que hace que la disfrutes tanto. Podría ser la fotografía de paisajes naturales, por ejemplo. Puede que disfrutes el proceso creativo: buscar la composición, ajustar la sensibilidad de la luz, probar diferentes enfoques, pero también puede ser el esfuerzo que implica caminar por un bosque o una montaña para conseguir la foto de un paisaje específico.

Sin embargo, que lo disfrutes no te garantiza que no pases por momentos frustrantes o incómodos, situaciones inesperadas o cambios de planes. Si eso sucede simplemente continúa hasta lograr tu objetivo, pues cuando esto suceda vas a experimentar un disfrute mayor por la combinación del esfuerzo con el paisaje.

No estoy diciendo que alcanzar nuestras metas y disfrutar la vida al mismo tiempo sea algo fácil, pero ir encontrando esos pequeños disfrutes, esos pequeños logros o avances a pesar de las adversidades, te mantendrá con mayor energía para lograr el objetivo mayor que persigues.

Si estás pasando por un problema de salud o un proceso emocional, es importante que reconozcas los pequeños cambios y logros. Incluso para eso tu cuerpo y mente tuvieron que hacer más de lo que nos imaginas. ¿Por qué no aplaudirlo y reconocerlo? Utiliza las mañas positivas como muletas para avanzar, aunque a ratos sea complicado. Cada paso que des te acercará a tu meta. No sabemos cuántos pasos falten para llegar, pero te estás acercando. Confía en ti y en tu cuerpo.

No hay atajos para lograr el bienestar. No hay un botón de salida de emergencia, no existe nadie que siempre la pase bien. Pero si te dedicas tiempo a ti mismo, cada día un poquito más, el cuerpo te recompensará de la mejor forma y más rápido de lo que crees.

Disfruta el aquí y el ahora. Esto puede sonar trillado, pero disfrutar el presente tiene efectos favorables a nivel celular. Está comprobado que todos los procesos de nuestro organismo funcionan de mejor manera cuando existe este ambiente positivo general. ¿Por qué crees que existe y funciona la risoterapia?

¿Te has reído alguna vez tan fuerte que no puedes parar? Estos son pequeños desconectes sanos de la realidad que producen una cascada de hormonas y sustancias para nivelar a tu cuerpo. Disfrutar el aquí y el ahora es una sensación increíble. Si la situación o el chiste lo amerita, ríete y disfrútalo. Si estás frente a una situación tensa o que te hizo enojar, aplaude y da unos pequeños saltos para que tu cerebro se desconecte de ese circuito constante de pensamientos que solo hacen que te enojes más.

No dejes que los días sean un día más, que pasen los años y los culpes a ellos por enfermedades o frustraciones. Vive siempre con objetivos, planeando cambios positivos que te aporten calidad de vida. Si tienes la dedicación y la constancia, incluso algo que ahora parece una locura puede convertirse en realidad.

¿Qué harías si te sintieras mejor en todos los niveles? ¿Cuáles son tus metas más altas? ¿Cuáles son esas locuras con las que sueñas? Empieza por hacer cambios pequeños, observa cómo avanzas y celebra cada paso. Si sientes que tu caso está estancado o que por mucho que te esfuerces y cambies tus hábitos no mejora, pide ayuda; para eso estamos capacitados los especialistas. Sin importar cuál sea tu caso, debes hacer equipo con tu especialista y hacer los cambios o seguir las indicaciones para lograr recuperarte. No temas escuchar un diagnóstico, ya que esta es la única forma de entender quién o quiénes son los culpables de lo que te está pasando. Corregir las causas es la forma de recuperar la salud, no hay atajos.

EPÍLOGO

¡El último paso siempre es el principio del siguiente!

Llegamos juntos a esta última página. Ya hemos caminado junto a ti y te mostramos ese camino que queríamos compartir contigo. Tu andar dependerá de la constancia, la paciencia y el amor con el que decidas dar cada paso. Recuerda que este camino ya está trazado y puedes volver a recorrerlo cuando lo necesites.

Deseamos sinceramente que este libro no se quede guardado en un librero, sino que te apropies de su contenido, que forme parte de ti el resto de tu vida, que sea el manual de consulta al que puedas recurrir las veces que sea necesario; cuando algo te incomode, cuando te sientas bloqueado, confundido o cuando necesites mejorar tu relación con alguien.

Qué hermoso sería que al cambiar inspiraras las vidas de otros, como las ondas que se forman cuando arrojas una piedra al agua, que al expandirse tocan otras ondas.

Ojalá que nuestras voces resuenen en tu interior y logren que hagas del perdón una práctica cotidiana; que vibres en la frecuencia del agradecimiento, que al respirar conectes con tus emociones y te atrevas a recontar tu historia; que al entenderte a través de los números puedas estar consciente de tu naturaleza en lugar de pelearte con ella, que cada vez que cambies de postura compruebes los beneficios de haber adquirido nuevos hábitos.

Para nosotras, tus 4 nuevas amigas, ha sido un placer regalarte estas 12 herramientas para vivir mejor, en especial porque el número 4 significa estructura, contención y bases firmes, lo que queremos ser para ti; y el número 12 representa todo lo que deseamos que integres a tu vida: la alegría, la amistad, la capacidad de gozar y el gusto por compartir.

Ten por seguro que seguiremos trabajando y planeando cosas para ti, alegrándonos con tu progreso y tus avances.

Mantente cercano ¡será un placer abrazarte y coincidir!

AGRADECIMIENTOS

Gaby, Renata, Mercedes y Claudia les decimos gracias, Grupo Planeta y Editorial Diana, por la confianza, complicidad y absoluta libertad que nos dieron para la elaboración de este libro y por sumarse a nuestra voluntad de brindar bienestar a los lectores.

Gracias a Karina Macias y a Mario Harrigan, nuestros editores, por su entusiasmo y compromiso con este proyecto. ¡Bravo, Mario, qué arte el armonizar tantas voces femeninas!

Gracias, querida Martha Debayle, por apoyarnos en este proyecto, por regalarnos un prólogo tan honesto y por darnos la oportunidad de conocernos invitándonos como especialistas a tu programa.

A nuestros lectores: gracias por elegirnos, qué regalo más grande nos han dado con eso. Gracias por tener el valor de no quedarse en su zona de confort y buscar estar bien.

Sobre las autoras

⚛ Gaby Pérez Islas

Licenciada en Literatura Latinoamericana; es orientadora familiar, maestra en tanatología y cuenta con diversas especialidades como: logoterapia, codependencia y familia, espiritualidad y suicidología.

Ha trabajado como docente por más de veinte años y tiene su consejería particular, donde atiende enfermos terminales y personas en proceso de duelo.

Es conferencista motivacional, colaboradora constante en medios de comunicación y una entusiasta promotora del desarrollo humano y la espiritualidad. Entre sus libros se encuentran *Cómo curar un corazón roto*, *Elige no tener miedo*, *Viajar por la vida*, *La niña a la que se le vino el mundo encima* y *Convénceme de vivir*, todos publicados por Editorial Diana.

@gabytanatologa
www.gabytanatologa.com.mx

⚛ Mercedes D'Acosta

Licenciada en Quiropráctica con la especialidad internacional en el deporte International Certified Sports Chiropractic.

Es miembro de la mesa directiva de la Federación Internacional de Quiropráctica Deportiva, donde representa a Latinoamérica; expresidenta de la Federación Mexicana de Quiropráctica Deportiva, y actualmente vicepresidenta, con más de 11 años como miembro de la asociación.

Ha participado en muchos eventos deportivos nacionales e internacionales como parte de los equipos de atención interdisciplinaria, como en los Juegos Mundiales de Wroclaw, Polonia, 2017. También fue quiropráctica invitada del equipo de Handball en Wündsdorf, Brandenburg, Alemania en 2015, y miembro del grupo de Atención del Grand Prix de Bádminton, del Torneo Internacional de Rugby RAN 2017, del Selectivo de América del Norte de Powerlifting en 2018, entre muchos otros.

Es socia fundadora de la clínica Quiroprácticas, donde tiene su práctica privada desde 2008. Es también conferencista y colaboradora recurrente en medios de comunicación, donde comparte consejos de cómo cuidar del cuerpo, evitar lesiones y sanarlas.

@tuquiropractica
www.quiropracticas.com

⚛ Claudia Sánchez M.

Estudió la carrera de Administración en la Universidad La Salle. Se desarrolló en áreas administrativas y de apoyo al área de ventas en diversas empresas, implementando sistemas de cultura de servicio al cliente interno y externo.

De manera paralela se especializó en el instituto CEIDES como facilitadora en el diplomado de Aplicación Mental, y desarrolló estudios y experiencia en el área humanista.

Es también diplomada en Psicoterapia Transpersonal por la Universidad Intercontinental. Desde hace más de 20 años se dedica a la aplicación de la psicoterapia individual y de grupos.

Es también diplomada en Grafología por la Asociación de Grafólogos y Psicólogos de México-Alemania A. C. y especialista en el estudio de la numerología científica como un complemento para el análisis de la personalidad. Es creadora del modelo de desarrollo humano NCI (Numerología Conductual

Introspectiva). Este modelo rescata la numerología de las creencias esotéricas para posicionarla dentro del mundo del desarrollo humano como uno de los sistemas más asertivos en el análisis de la personalidad del individuo.

Es también conferencista y una presencia constante en redes sociales y medios de comunicación, como el programa de Martha Debayle en W-Radio.

@numerologaclaudiasanchez
www.numerologatv.com

✿ Renata Roa

Conferencista, capacitadora, docente, escritora y consultora en imagen pública y comunicación facial. Es egresada del Instituto Tecnológico y de Estudios Superiores de Monterrey, campus Ciudad de México, de la licenciatura de Administración de Empresas. Ha estudiado en Londres y en Barcelona, y en San Diego cursó el Master Face Reading Certification, máximo estudio en la materia a nivel internacional. Se graduó de la maestría en Ingeniería en Imagen Pública del Colegio de Consultores en Imagen Pública; obtuvo el premio «Excelentia Imago» por tener el promedio más alto de su generación. Egresada de la primera generación del diplomado en Imagen Física del Colegio de Consultores en Imagen Pública en 2005. Cursó el diplomado de Coaching Ejecutivo en la Facultad de Psicología de la UNAM. En 2015 inició sus estudios en aplicación mental. Es practicante y consultora en *mindfulness*, herramienta para reducir el estrés. Autora de *Está en ti*, libro de imagen y comunicación no verbal.

@Renata_Roa
www.renataroa.com